Subba Reddy Tatireddy
Sai Chandana B
Ravi Kumar Balleda

Dominar a imagiologia hiperespectral utilizando ML e características espaciais-espectrais

Subba Reddy Tatireddy
Sai Chandana B
Ravi Kumar Balleda

Dominar a imagiologia hiperespectral utilizando ML e características espaciais-espectrais

Um guia aprofundado para técnicas analíticas avançadas e melhores práticas

ScienciaScripts

Imprint

Any brand names and product names mentioned in this book are subject to trademark, brand or patent protection and are trademarks or registered trademarks of their respective holders. The use of brand names, product names, common names, trade names, product descriptions etc. even without a particular marking in this work is in no way to be construed to mean that such names may be regarded as unrestricted in respect of trademark and brand protection legislation and could thus be used by anyone.

Cover image: www.ingimage.com

This book is a translation from the original published under ISBN 978-620-7-45909-4.

Publisher:
Sciencia Scripts
is a trademark of
Dodo Books Indian Ocean Ltd. and OmniScriptum S.R.L publishing group

120 High Road, East Finchley, London, N2 9ED, United Kingdom
Str. Armeneasca 28/1, office 1, Chisinau MD-2012, Republic of Moldova, Europe
Printed at: see last page
ISBN: 978-620-7-62058-6

Conteúdo

O Dr. Tatireddy Subba Reddy trabalha como **professor assistente no Departamento de Informática e Engenharia, Instituto de Tecnologia B V Raju, Narsapur, distrito de Medak**. Obteve o seu mestrado na Universidade Tecnológica Jawaharlal Nehru (JNTU), Kakinada, e o seu doutoramento na Universidade VIT-AP, Andhra Pradesh. Tem 6 anos de experiência de ensino e 3 anos de experiência de investigação. Publicou mais de 20 artigos de investigação em várias conferências/jornais nacionais/internacionais. Também publicou uma patente indiana e um livro de texto "Deep Learning and Its applications". Realizou palestras de especialistas em várias instituições de renome na Índia. Actuou como membro técnico e revisor de várias conferências/jornais nacionais/internacionais. Obteve muitas certificações globais em ciência de dados, aprendizagem automática, aprendizagem profunda e tecnologias de cadeias de blocos. Os seus domínios de investigação são a deteção remota e a informática no domínio da saúde.

A Dra. B. Sai Chandana é atualmente Professora Assistente, Grau 2, na Escola de Informática e Engenharia da Universidade VIT-AP. Com uma formação académica rica e uma vasta experiência de ensino, contribuiu significativamente para o domínio da educação. A Dra. Chandana traz consigo uma riqueza de conhecimentos adquiridos ao longo de uma década de serviço na Universidade GITAM, onde desempenhou várias funções. Antes do seu cargo atual, trabalhou durante 2 anos no Shri Vishnu Engineering College for Women e 1,5 anos no Gudlavalleru Engineering College. Os seus interesses de investigação abrangem o processamento de imagens hiperespectrais, a análise de imagens médicas e a imagiologia térmica.

O Sr. Ravi Kumar Balleda trabalha atualmente como Professor Associado na GITAM (Deemed to be University) em Visakhapatnam, Andhra Pradesh, Índia, com uma carreira louvável de 27 anos no ensino. Os seus conhecimentos especializados situam-se nos domínios da Inteligência Artificial e da Aprendizagem Automática. Tem um número substancial de publicações de investigação em jornais e conferências. Dedica-se a fazer avançar estes domínios através das suas contribuições académicas e continua empenhado em promover a excelência académica.

Agradecimentos

Com imenso prazer e um profundo sentimento de gratidão, gostaria de expressar os meus sinceros agradecimentos ao meu supervisor de investigação, **Dr. Jonnadula Harikiran, Professor Associado, Escola de Informática e Engenharia, Universidade VIT-AP, Amaravathi,** sem a sua motivação e encorajamento contínuo, este livro de texto não teria sido concluído com êxito.

Para além disso, os meus profundos agradecimentos ao **Dr. Chandra Sekhar Kolli, Professor Associado do Shri Vishnu Engineering College for Women em Bhimavaram**, Andhra Pradesh, Índia. O seu apoio e dedicação contínuos foram fundamentais para a conclusão bem sucedida deste livro.

Gostaria de agradecer o apoio prestado pelos meus colegas de várias formas ao longo do meu trabalho de investigação. Gostaria de estender o meu profundo sentimento de gratidão aos meus pais por todos os sacrifícios que fizeram durante a minha investigação e também por me terem dado apoio moral e encorajamento sempre que necessário.

Por último, mas não menos importante, gostaria de agradecer à minha mulher Rajeswari pelo seu constante encorajamento e apoio moral, bem como pela sua paciência e compreensão.

Um agradecimento especial é reservado à editora, cuja contribuição inestimável nos proporcionou uma oportunidade de ouro para mostrar o nosso novo trabalho nesta estimada plataforma.

PREFÁCIO

Bem-vindo ao livro *Mastering Hyperspectral Imaging using ML and Spatial-Spectral Features*. Este livro é o culminar de uma extensa investigação e exploração do fascinante domínio da deteção remota hiperespectral e das suas aplicações.

A deteção remota hiperespectral representa uma mudança de paradigma na tecnologia de imagem, permitindo a captura de informações detalhadas em várias bandas espectrais. Ao contrário das imagens naturais tradicionais, as imagens hiperespectrais (HSI) oferecem uma riqueza e profundidade de dados sem paralelo, revelando detalhes intrincados da superfície da Terra e de vários alvos com uma clareza notável. Originalmente concebido como uma tese de doutoramento, este texto pretende colmatar a lacuna entre a exploração académica e a aplicação prática. A tese aprofundou as complexidades da classificação de imagens hiperespectrais, um domínio fundamental com diversas aplicações que vão desde a cartografia do uso do solo à análise de áreas urbanas, inventário florestal e muito mais.

O livro centra-se em metodologias inovadoras e pioneiras na classificação de imagens hiperespectrais, aproveitando o poder das técnicas de aprendizagem profunda (DL) e de aprendizagem automática (ML). A exploração levou ao desenvolvimento de estruturas e abordagens inovadoras, melhorando a precisão e a eficácia da classificação de imagens hiperespectrais. O primeiro esforço introduziu o quadro de aprendizagem adversarial profunda (DALF), uma arquitetura sofisticada baseada em IA que integra codificadores automáticos profundos e redes adversariais generativas (GAN). Esta estrutura não só permitiu a redução da dimensionalidade através de auto-codificadores profundos, como também facilitou a geração de novas amostras de imagens hiperespectrais, abrindo caminho para uma maior precisão de classificação. A segunda exploração apresentou uma abordagem inovadora que utiliza a análise de componentes principais, a decomposição bidimensional do modo empírico e as máquinas de vectores de apoio (SVM) para a classificação de imagens hiperespectrais. Esta nova técnica tinha como objetivo aproveitar os pontos fortes destes métodos para obter resultados de classificação mais precisos.

Por último, o livro explorou um método de classificação semi-supervisionada para HSI, inspirando-se nos Cycle-GANs. Esta abordagem inovadora aproveitou a Fração Mínima de Ruído (MNF) para a extração de características espetro-espaciais, complementada pela capacidade de classificação dos Cycle-GANs, oferecendo uma perspetiva única na classificação semi-supervisionada.

Este livro de texto resume a essência destes esforços de investigação, com o objetivo de proporcionar uma compreensão abrangente da imagiologia hiperespectral, das suas metodologias de classificação e das suas implicações práticas. Cada capítulo é meticulosamente elaborado para oferecer perspectivas, metodologias e aplicações práticas, promovendo uma compreensão mais profunda deste campo em evolução. Esperamos que este manual sirva como um recurso valioso para estudantes, investigadores e profissionais que se dedicam à deteção remota hiperespectral e às suas aplicações multifacetadas. Mergulhe, explore e embarque numa viagem de descoberta no domínio da imagiologia hiperespectral.

Boa leitura e exploração!

INTRODUÇÃO

1.1 Visão geral

A técnica de obtenção de dados através da deteção remota é conhecida como deteção remota da superfície da Terra, utilizando técnicas passivas ou activas sem interação direta com a região a ser detectada. A deteção remota ativa é designada como o reconhecimento de um sinal gerado por uma aeronave ou satélite e um sensor que detecta a reflexão de um objeto. A teledeteção passiva ocorre quando um sensor detecta o reflexo da luz solar e os sensores captam a luz emitida ou reflectida pelo dispositivo ou pelas suas imediações. A cinematografia, os infravermelhos e os dispositivos de carga acoplada são os sensores passivos mais frequentemente utilizados. O feixe de luz refletido é medido por estes sensores. A imagiologia hiperespectral (espetroscopia de imagem) evoluiu recentemente como uma técnica de deteção remota passiva altamente eficaz. Os aparelhos de imagiologia hiperespectral, também designados por espectrómetros de imagem, captam uma sequência de fotografias co-registadas de uma região com um campo de visão instantâneo (IFOV) razoavelmente amplo e uma resolução espetral significativamente mais fina, da ordem dos 10nanómetros, com mais de 200 bandas espectrais contínuas. Isto permitiu a avaliação estatística de uma região dentro do IFOV do sensor. A capacidade inigualável dos sensores hiperespectrais permite a recolha remota de imagens em que cada pixel é um vetor com uma elevada resolução espetral, permitindo uma melhor análise dos conteúdos de uma determinada região. As qualidades espectrais, geográficas e temporais da deteção remota tornam-na uma fonte de dados apelativa para a extração de dados úteis.

1.2 Introdução

A perceção humana desenvolveu-se para satisfazer as necessidades de sobrevivência e tem desempenhado um papel essencial na localização de alimentos e na prevenção de perigos ao longo da história (Ghaderizadeh *et al.* (2021),Paul *et al.* (2021)). Podemos detetar não só o brilho, mas também a cor da luz. Três tipos de fotorreceptores de cor delicados para 3 espectros distintos de luz visível, correspondentes ao azul, verde e vermelho, proporcionam uma visão tricromática das cores. Podemos diferenciar vários sinais de cor utilizando uma referência cruzada destas três cores. A cor, em vez de ser um escalar, é um vetor, e a perceção da cor é uma ocorrência sensorial de comparação.

Os humanos, por outro lado, estão ainda confinados à luz visível e têm uma resolução espetral limitada. Foram criados diferentes dispositivos para medir a irradiância de objetos em vários comprimentos de onda. Por exemplo, um espetrómetro pode ser utilizado para determinar a irradiância do espetro num único ponto, enquanto uma câmara RGB típica pode determinar a irradiância integrada na gama de comprimentos de onda visíveis num campo de interesse. Em contraste com estes dois tipos de dispositivos, as câmaras hiperespectrais podem adquirir simultaneamente dados espaciais e espaciais. Uma imagem hiperespectral compreende frequentemente dezenas ou centenas de canais espectrais contínuos indexados ao comprimento de onda da luz, o que resulta numa resolução espetral muito superior à da visão humana ou das câmaras RGB normais. A sua gama de cobertura inclui a luz visível, bem como a luz ultravioleta e infravermelha, dependendo das características do equipamento. Os materiais que contêm diferentes tipos de átomos emitem, reflectem e absorvem a luz em diferentes proporções, dependendo do comprimento de onda ou da frequência da luz (Li, Liang e Wang (2020)). Consequentemente, a radiação solar de uma câmara hiperespectral a partir de objectos pode ser utilizada como uma pista para avaliar as características químicas e físicas dos objectos.

A imagiologia hiperespectral tem sido amplamente utilizada na deteção remota para examinar a superfície da terra em aplicações como a exploração mineira, militar, agrícola e a monitorização ambiental, devido à sua grande capacidade de discriminação para detetar e discriminar materiais distintos. Além disso, com o desenvolvimento de dispositivos comerciais de pequena dimensão e elevada resolução espacial, a imagiologia hiperespectral suscitou um interesse crescente em áreas semelhantes, como o controlo da qualidade, a biometria, a biomedicina, a segurança alimentar, etc. Outro desenvolvimento significativo na última década foi a incorporação da fotografia hiperespectral nos sistemas de visão por computador. Ao combinar dados adicionais no domínio espetral, a imagem hiperespectral tem o potencial de fazer avançar significativamente a investigação em várias áreas difíceis da visão computacional, incluindo a classificação de objectos, o processamento de documentos, a análise de cenas, a análise da sensibilidade da câmara, a super-resolução, a estimativa da iluminação, etc. (Ma *et al.* (2021),Pande e Banerjee (2021),Alotaibi e Alotaibi (2020),Hanbay (2020)). A classificação de imagens hiperespectrais inclui uma grande variedade de temas na previsão de categorias de alvos, como a classificação genérica de objectos/cenas, a deteção de primeiros planos, a rotulagem de imagens e muitos outros. Entre os alvos contam-se pixéis individuais, áreas, objectos e cenários. A classificação de imagens hiperespectrais no domínio da teledeteção incide principalmente na classificação ao nível do pixel para identificar classes de ocupação do solo e criar mapas temáticos. As imagens hiperespectrais não têm sido amplamente utilizadas na visão computacional devido à falta de dados de imagem em grande escala. A maioria das tarefas de classificação de imagens continua a utilizar fotografias a cores ou em escala de cinzentos com um objeto específico (Okwuashi e Ndehedehe (2020), Phaneen- dra Kumar e Manoharan (2021)).

Apesar de as imagens hiperespectrais fornecerem informações mais relevantes e numerosas do que as imagens RGB e em escala de cinzentos, os dados devem ser extraídos e refinados para diferentes fins analíticos. A extração de características resolve este desafio, fornecendo uma coleção de dados compacta e informativa que melhora a eficiência e a eficácia do armazenamento e processamento de dados. Durante a última década, foram criados vários algoritmos de extração de características em deteção remota e visão por computador. A maior parte destes métodos, por outro lado, concentra-se em dados espectrais em píxeis na deteção remota ou em informação espacial em escala de cinzentos na visão por computador, correspondendo às propriedades das imagens disponíveis em duas regiões, nomeadamente alta resolução espetral para a deteção remota e baixa resolução espacial para a visão por computador.

A informação espetral detalhada e a resolução espacial fina permitem avaliar a substância e a estrutura dos objectos na imagem utilizando fotografias hiperespectrais captadas por câmaras hiperespectrais modernas. No entanto, devido às restrições acima mencionadas, a maioria das abordagens actuais não é eficaz para este fim. Consequentemente, devem ser desenvolvidas novas estratégias para explorar os dados espaciais e espectrais subjacentes nas HSI, abordando as limitações da deteção remota, da visão por computador e da perceção humana. Embora os recentes avanços na visão computacional e na deteção remota tenham reduzido o fosso entre a imagiologia hiperespectral e as aplicações práticas de classificação, existe ainda um fosso significativo entre elas devido a uma nítida falta de técnicas eficazes de extração de características espetro-espaciais. Esta tese centrou-se no progresso de muitas abordagens únicas para a classificação de imagens hiperespectrais que se baseiam na investigação espetral e espacial.

Existem dois tipos de imagens que dependem do conjunto de canais e da distância entre duas bandas espectrais:

- Imagem hiperespectral
- Imagens multiespectrais

1.2.1 Imagens multiespectrais

Foi no início da década de 1960 que foram utilizados sistemas de teledeteção multiespectral. Estes sistemas utilizavam sensores de estrutura paralela que só conseguiam ver algumas bandas de radiação de cada vez, desde o espetro visível até ao espetro do infravermelho próximo (Wang, Song, Sun, Huang e Wang (2020), He *et al.* (2020), Pan *et al.* (2018)). Os sensores baseados em satélite do tipo multiespectral têm um espetro menor, mas amplo, com bandas discretas que são relutantes em distinguir detalhes e características minúsculos na superfície da Terra e não podem distinguir itens ou materiais com valores de reflectância espetral muito pequenos. A imagem multiespectral com algumas bandas é apresentada na Figura 1.1.

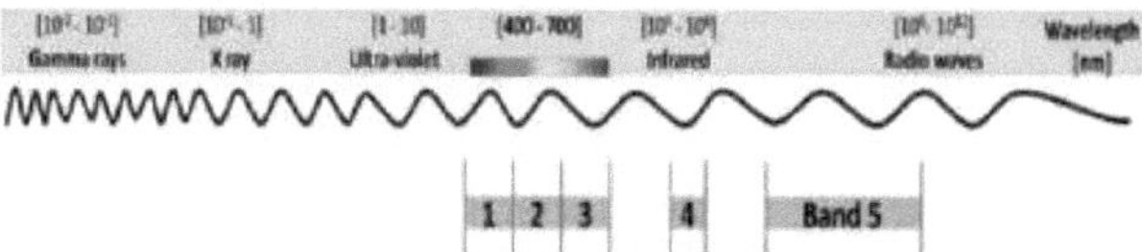

Fig. 1.1 Multispectral com um número limitado de bandas (Fonte: Telmo et al. 2017)

1.2.2 Imagens hiperespectrais

Os sensores com características hiperespectrais utilizados em tecnologias de deteção remota podem recolher imagens em várias bandas com um pequeno espetro contíguo que existe na região do espetro eletromagnético, desde o visível até ao infravermelho médio, infravermelho térmico e infravermelho próximo. Os sensores hiperespectrais recolhem radiação numa gama de 300 bandas ou mais, o que implica que captam continuamente o espetro de energia reflectida para cada pixel na cena ou objeto. Estes detectores têm propriedades contínuas e de banda estreita, permitindo um exame aprofundado de atributos, traços e características na superfície da Terra (Iosif 2009). A imagem hiperespectral com múltiplas bandas estreitamente espaçadas é apresentada na Figura 1.2. Esta ilustra as variações num certo número de bandas entre a imagem multiespectral e a imagem hiperespectral.

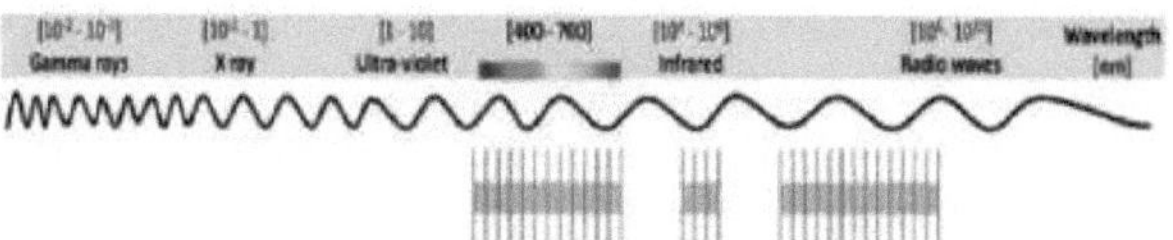

Fig. 1.2 Vários hiperespectrais de banda estreita (Fonte: Telmo et al. 2017))

A Figura 1.3 ilustra a representação das assinaturas espectrais do cubo de dados de imagens hiperespectrais e multiespectrais.

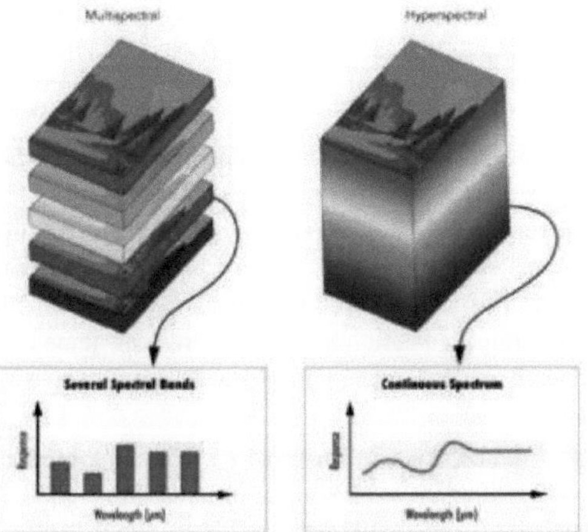

Fig. 1.3 Assinatura espetral em discreto e contínuo

1.3 Imagiologia hiperespectral

A resolução espacial e espetral da HSI são ambos factores importantes. A resolução espacial quantifica a ligação geométrica entre os pixels da imagem, enquanto a resolução espetral quantifica as flutuações dependentes do comprimento de onda dentro dos pixels da imagem. Uma dimensão espetral (S_x) e duas dimensões espaciais (s_x e s_y) e) estão presentes numa imagem hiperespectral. O espetro pontual de um cubo de dados em coordenadas espaciais (x, y), bem como uma imagem RGB e uma imagem em escala de cinzentos derivada do cubo hiperespectral, são também apresentados. Cada fatia de cubo correspondente a uma dimensão espetral é referida como um canal ou banda (Kang *et al.* (2019)).

1.3.1 Resolução da imagem

A resolução de uma imagem é definida como a distância mais curta entre dois objectos diferentes/idênticos que podem ser distinguidos na imagem. Os objectos que estão mais próximos do que a resolução aparecem como um único objeto na imagem. O poder de resolução na RS refere-se à capacidade de reconhecer a presença de dois ou mais objectos, bem como os seus atributos. Consequentemente, considera-se que uma imagem com detalhes mais finos tem uma resolução mais fina do que uma com detalhes mais grosseiros. De seguida, apresentam-se os quatro principais tipos de resoluções de imagem utilizados pelos sistemas de deteção remota por satélite ()Aydemir e Bilgin (2019),Zhang, Cao, Li, Wang e Fu (2019),Shao *et al.* (2018),Wang, Tan, Du, Chen e Du (2019)).

1.1.1.1 Resolução do domínio espetral

1.1.1.2 Resolução do domínio temporal

1.1.1.3 Resolução do domínio radiométrico

1.1.1.4 Resolução do domínio espacial

1.3.1.1 Resolução espacial

A resolução espacial refere-se ao mais pequeno detalhe detetável numa imagem ou à dimensão do objeto mais pequeno que pode ser reconhecido como uma entidade distinta na imagem. A resolução espacial de uma imagem, e não a quantidade de pixéis nela contidos, determina a sua nitidez. A conceção do sensor de imagem no que respeita ao campo de visão e à altitude determina as características espaciais de uma imagem. Cada sensor de um sistema de imagem remota tem um detetor que capta uma área limitada do solo. O tamanho da mancha é inversamente proporcional à resolução espacial. Quanto menor for a mancha, mais informação pode ser extraída da cena observada. A Figura 1.4 apresenta uma panorâmica da resolução espacial.

As resoluções espetral e espacial são os componentes mais significativos da imagem de deteção remota, e estas resoluções descrevem a composição geométrica de cada pixel da imagem, bem como a sua ligação aos pixéis vizinhos. O grau de nitidez do detalhe espacial revelado numa imagem é designado por resolução espacial. Uma distância mais pequena (por exemplo, 23,5 m por 23,5 m) está sempre relacionada com uma melhor resolução espacial, uma vez que torna mais simples a definição de características numa imagem. Uma imagem de resolução fina e uma imagem de resolução grosseira são apresentadas na Figura 1.5.

1.3.1.2 Resolução espetral

A resolução espetral corresponde ao número de bandas espectrais e à gama do espetro eletromagnético medido pelo sensor. Se um sensor de imagem recolher um número limitado de bandas espectrais, pode reagir a uma vasta gama de frequências, mas ter uma resolução espetral fraca. Um sensor com uma gama de frequências curta mas com um grande número de bandas espectrais, por outro lado, tem uma grande resolução espetral porque pode distinguir entre itens de imagem com características espectrais essencialmente semelhantes. Devido à sua resolução espetral limitada, as imagens multiespectrais não conseguem distinguir impressões digitais espectrais mais finas na cena. Nas partes visível, infravermelha média e infravermelha próxima do espetro eletromagnético, os sensores HSI recolhem imagens em vários

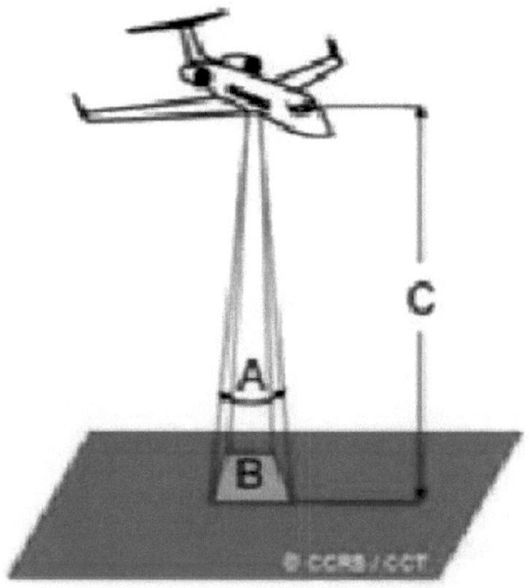

Fig. 1.4 Resolução espacial

Resolução espacial grosseira Resolução espacial fina

Fig. 1.5 Exemplos de imagem de resolução grosseira e imagem de resolução fina

bandas espectrais contínuas e muito estreitas. Este tipo de tecnologia de imagem sofisticada é muito promissora para identificar materiais com base nas suas características espectrais. Numa fotografia hiperespectral, o espetro de um único pixel pode fornecer mais informações sobre a superfície do material do que uma imagem normal. A secção visível da resolução espetral é apresentada na Figura 1.6.

1.3.1.3 Resolução temporal

As características orbitais do sensor de imagem determinam a resolução temporal na teledeteção por HS. Esta resolução é geralmente descrita como o tempo que a plataforma do sensor demora a regressar à mesma posição e a recolher os dados. Se a plataforma do sensor visitar frequentemente o mesmo local, diz-se que

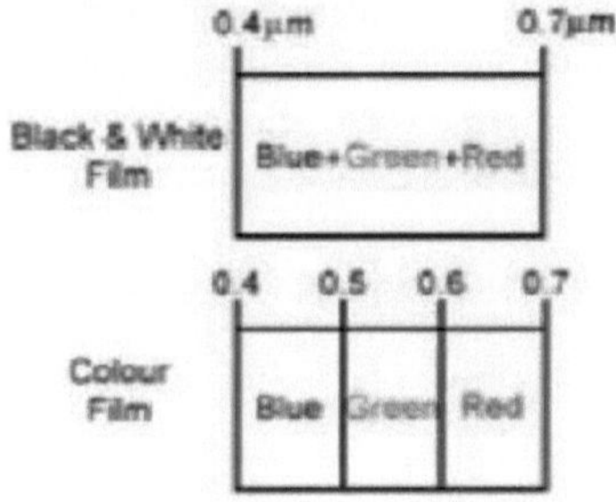

Fig. 1.6 Visible portion

Se o utilizador visitar o mesmo local com pouca frequência, diz-se que tem uma resolução temporal baixa. A resolução temporal é geralmente expressa em dias. A Figura 1.7 apresenta uma panorâmica da resolução temporal.

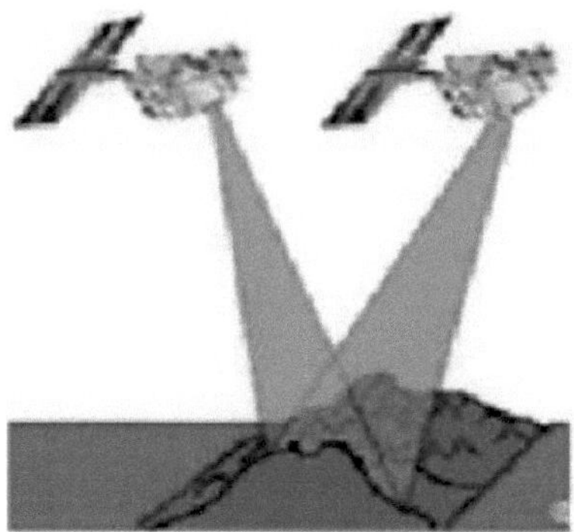
Fig. 1.7 Resolução temporal

1.3.1.4 Resolução radiométrica

A resolução radiométrica é definida como o número de níveis de cinzento detectados entre o preto puro (sem reflectância) e o branco puro (sem reflectância), ou a sensibilidade do sensor à quantidade de radiação electromagnética. A capacidade do sensor para identificar variações de intensidade numa imagem é designada por resolução radiométrica. A resolução radiométrica é sempre expressa em vários bits. Quanto mais fina for a resolução radiométrica, mais níveis de cinzento podem ser medidos. Cada bit representa um expoente de potência de dois (por exemplo, 1 bit = 21 = 2). O número de níveis de luminosidade que podem ser apresentados é determinado pelo número de bits utilizados para representar a energia registada. Quanto mais elevada for a resolução radiométrica, maior será o número de níveis de cinzento que o sistema pode registar e, por conseguinte, maior será o número de informações que podem ser registadas na imagem. Na figura 1.8 comparam-se imagens de resolução radiométrica fina de 8 bits e uma imagem de resolução grosseira de 2 bits.

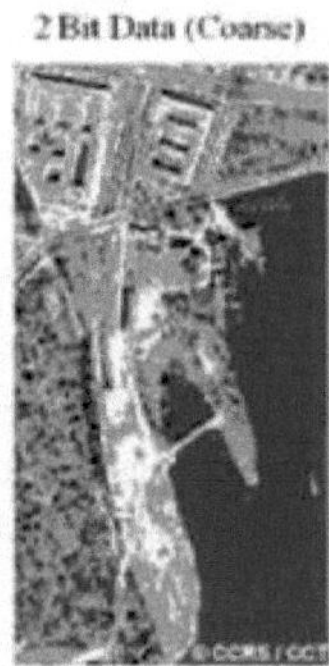

Fig. 1.8 Diferenciação de uma imagem de 2 bits de resolução grosseira com uma imagem de 8 bits de resolução fina

1.3.2 Compreender as assinaturas espectrais

Os materiais da superfície da Terra são únicos na sua capacidade de reflectir radiações electromagnéticas, transmitir e absorver (Zhong *et al.* (2019),Zhu *et al.* (2018)). Os sensores hiperespectrais permitem-nos detetar todas as formas de radiação electromagnética que interagem com os materiais dentro de um determinado intervalo, bem como as diferentes características e variações na superfície da terra. A reflectância de uma substância é a quantidade de radiação electromagnética reflectida pela sua superfície. Em função do comprimento de onda, a relação entre a energia incidente e a reflectida. A reflectância de um item é de 100 por cento se toda a luz de entrada desse comprimento de onda for reflectida no sensor de imagem; por outro lado, a reflectância é de 0 por cento se toda a luz de entrada desse comprimento de onda for absorvida pelo objeto. Os valores de reflectância situam-se normalmente na gama de [0,100]. No meio de um cubo de dados hiperespectrais em três dimensões, a Figura 1.9 mostra dados hiperespectrais utilizando pseudo-cores.

Os valores de reflectância de diferentes substâncias encontradas à superfície da Terra, como os minerais, a água, o solo e as florestas, podem ser representados e investigados ao longo de uma gama específica do espetro eletromagnético. As curvas de resposta espetral ou assinaturas espectrais são os termos utilizados para descrever esses gráficos. A Figura 1.10 apresenta um conceito geral das assinaturas espectrais de vários materiais existentes na superfície da Terra. Uma vez que cada substância numa cena de imagem tem a sua assinatura espetral, estes gráficos de assinatura espetral podem ser utilizados para identificar imagens obtidas por deteção remota. Quanto melhor for a resolução espetral de um sensor de imagem, mais informação de categorização pode ser obtida a partir das impressões digitais espectrais. Os sensores hiperespectrais oferecem uma resolução espetral mais elevada do que os sensores multiespectrais, permitindo-lhes detetar variações mais finas numa cena. Os geólogos têm vindo a utilizar imagens hiperespectrais para cartografar os recursos terrestres e hídricos. Os metais pesados e outros poluentes perigosos são também cartografados em locais de extração mineira históricos e em curso. A Figura 1.11 apresenta uma comparação das respostas espectrais de água limpa, plantas verdes e solo nu seco. Ao comparar as curvas de reflectância do solo nu com as das plantas verdes, nota-se que a curva de reflectância do solo nu tem menos flutuações. Isto deve-se ao facto de as variáveis que influenciam a reflectância do solo estarem limitadas a uma pequena porção do espetro eletromagnético. A textura do solo, a presença de minerais como o nível de humidade do solo, a rugosidade da superfície e o ferro são todos elementos a considerar.

As características espectrais da vegetação verde incluem depressões na região visível do espetro que revelam a pigmentação dos tecidos da planta. A clorofila é o principal pigmento fotossintético encontrado nas plantas verdes; absorve significativamente nas bandas espectrais do vermelho (680 nm) e do azul (440 nm) associadas à clorofila. Quando uma planta está sob stress e o seu desenvolvimento de clorofila é retardado, a quantidade de reflectância nas áreas vermelhas (670 nm) aumenta. A resposta espetral da água apresenta propriedades de absorção específicas no infravermelho próximo e mais além. Os sedimentos em suspensão e o aumento dos níveis de clorofila são duas variáveis comuns que alteram a resposta espetral da água. Cada exemplo terá uma resposta espetral distorcida, o que indica a presença de sedimentos ou algas em suspensão na água.

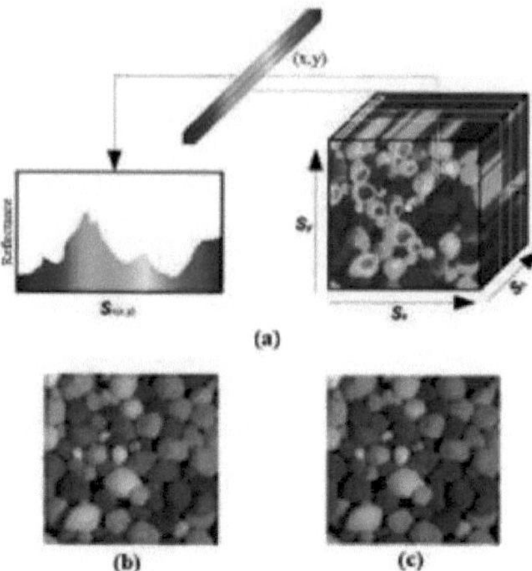

Fig. 1.9 (a) Uma imagem hiperespectral representada como um cubo 3D. Um espetro pontual no cubo espetral é ilustrado na localização espacial (x,y). (b) Uma imagem RBG e (c) uma imagem em tons de cinzento obtida a partir do cubo hiperespectral.

1.4 Classificação de imagens hiperespectrais

Certas aplicações em tempo real, como os sistemas de análise de imagens hiperespectrais a bordo, precisam de uma abordagem de classificação que seja eficaz e eficiente ao fazer julgamentos com base em dados de imagens hiperespectrais que foram detectados e processados. O aumento da precisão da classificação requer a utilização inteligente das bandas espectrais disponíveis (Paoletti *et al.* (2018),Haut *et al.* (2018)).

Os sensores hiperespectrais captaram imagens de uma região específica utilizando uma gama limitada de gamas espectrais entre os comprimentos de onda do visível e do infravermelho próximo. Quanto mais bandas forem recolhidas, maior será a precisão da categorização. A banda espectral contínua desempenha, portanto, um papel crucial na categorização de objectos delicados em imagens hiperespectrais. Como resultado, uma correcta

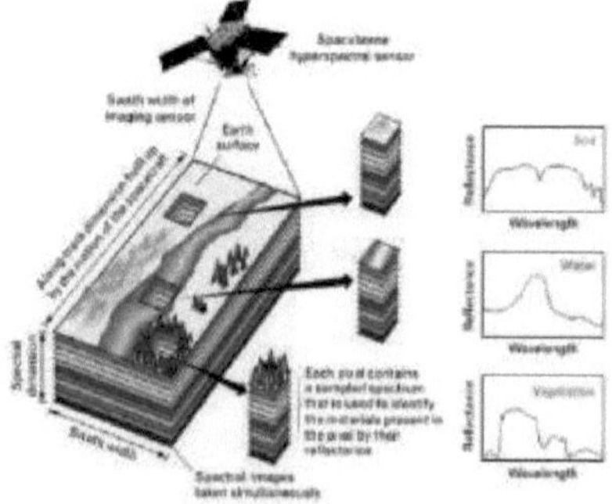

Fig. 1.10 Um esquema genérico da cartografia HIS da água, da vegetação e do solo

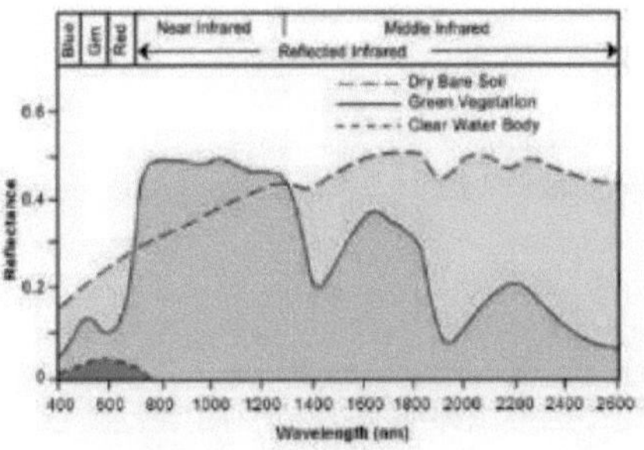

Fig. 1.11 Curvas de resposta espetral da água, vegetação e solo

A abordagem de classificação deve ser implementada no sistema de análise de imagens hiperespectrais para aumentar a precisão da classificação. As imagens hiperespectrais geradas por sensores podem ser classificadas utilizando o espetro de píxeis. Para aumentar a precisão da classificação, cada pixel pode ser adequadamente avaliado em relação à biblioteca de espectros.

1.4.1 Etapas do processo de classificação

Os seguintes processos são utilizados para classificar uma imagem hiperespectral. (Xu, Du, Zhang e Zhang (2018),Zhou, Hang, Liu e Yuan (2019)),

- Extração de características
- Etiquetagem
- Formação

1.4.2 Extração de características

Os dados espectrais e espaciais das imagens hiperespectrais são traduzidos para o espaço de características. Estas características são utilizadas para classificar os dados. O classificador pode identificar as classes espectrais graças à utilização inteligente das características.

1.4.3 Formação

É a fase mais crucial na categorização de imagens hiperespectrais. Os classificadores são treinados nesta situação, escolhendo um pixel adequado para reconhecer e identificar as classes específicas e definir os limites com base nas características do pixel de treino. Os pixels podem ser treinados de forma supervisionada ou não supervisionada, dependendo do método utilizado.

1.4.4 Rotulagem

A visualização de imagens categorizadas é a base da visão humana. As etiquetas de categorização já estão associadas às regiões do espaço de características quando o tipo de formação é supervisionado. No caso de formação não supervisionada, as etiquetas devem ser atribuídas pelo utilizador. Cada grupo de classes tem o seu próprio conjunto de etiquetas para fotografias classificadas. A Figura 1.12 descreve o processo de classificação, que inclui extração de características, formação e etiquetagem.

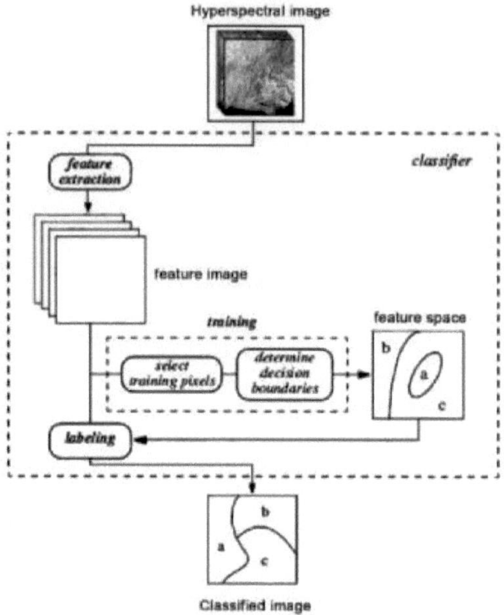

Fig. 1.12 A extração de características, a formação e a etiquetagem fazem parte do sistema de classificação

1.4.4.1 Treinar o classificador

Um algoritmo de classificação deve ser treinado para diferenciar as classes ao longo da sua fase de desenvolvimento. Isto é conseguido através da formação e categorização de imagens utilizando amostras representativas. Após ter sido treinado para identificar tipos distintos de grupos, o classificador pode ser utilizado para classificar cada pixel de uma imagem em categorias de treino ou classes correspondentes.

Durante a fase de desenvolvimento de um algoritmo de classificação, este deve ser treinado para distinguir entre classes. Isto é realizado empregando amostras representativas para treinar e categorizar imagens (Hang *et al.* (2019),Sun *et al.* (2019)). O classificador pode ser usado para categorizar cada pixel de uma imagem em classes correspondentes ou categorias treinadas após ser treinado para reconhecer diferentes tipos de agrupamentos. A deteção de padrões de resposta espetral de classes de ocupação do solo é utilizada para classificar imagens hiperespectrais. Todos os pixéis da imagem são automaticamente classificados nas classes de ocupação do solo adequadas como parte do processo de classificação da imagem. Todos os pixéis de uma imagem são classificados numa das muitas categorias de ocupação do solo ou "temas" durante o processo de classificação. Os dados classificados são depois utilizados para criar um mapa temático. Na deteção remota hiperespecífica, a disponibilidade de dados é uma questão crítica. O tempo de processamento e a precisão da classificação são reduzidos quando existe um grande volume de dados. Para melhorar a exatidão da classificação, este enorme volume de dados necessita de informações úteis e de processamento adicional. Por conseguinte, é fundamental classificar os dados HSI sem perder informações vitais sobre os objectos de interesse.

1.4.5 Tipos de classificação
1.4.5.1 Classificação supervisionada
O utilizador deve selecionar pixels relevantes para cada uma das classes na abordagem de classificação supervisionada, e é fundamental que o pixel de treino seja uma amostra idêntica da classe ou grupo associado, embora possa abranger uma ampla gama de variações para a classe. Em geral, é utilizado um número maior de pixels de treinamento para cada classe. Na classificação supervisionada, existem três fases processuais. As fases fundamentais da categorização supervisionada são mostradas na Figura 1.13. Ela contém as seguintes etapas:
- Fase de formação
- Veado de classificação
- Fase de saída

Durante a fase de formação, são seleccionados pixels de treino e é gerada uma descrição estatística das propriedades espectrais ou espaciais de cada classe de interesse. Cada pixel é classificado em vários grupos no passo de classificação, dependendo da sua semelhança com os pixéis de treino. Cada pixel na imagem de teste é classificado numa classe diferente na etapa de saída.

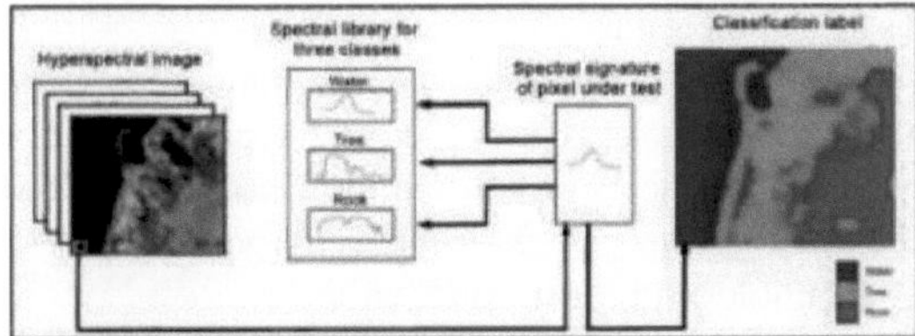

Fig. 1.13 Etapas envolvidas na classificação supervisionada

1.4.5.2 Classificação não supervisionada
Numa estratégia de classificação não supervisionada, um utilizador utiliza um algoritmo para determinar as propriedades subjacentes dos dados visuais sem necessitar de informações externas. Este algoritmo de classificação não utiliza quaisquer dados de formação. O método analisa os pixéis desconhecidos no conjunto de dados da imagem de teste e divide-os em classes com base nos grupos aí encontrados. A Across expande a categorização para toda a área da imagem, utilizando um grande número de exemplos de treino. Para garantir que todas as classes e subclasses em teste são examinadas, a abordagem utiliza amostras heterogéneas. Depois de treinar toda a área da imagem, o utilizador pode atribuir etiquetas de categorização a diferentes classes. As técnicas de agrupamento, como o agrupamento K-means, são benéficas na formação não supervisionada: é um dos algoritmos de agrupamento mais conhecidos que divide todos os detalhes da imagem num certo número de categorias distintas. Agrupamento hierárquico: Esta abordagem é adequada para áreas que têm várias classes e subclasses. Todos os pontos de dados da imagem são separados em grupos de pais e filhos de acordo com as características dos dados. Agrupamento probabilístico: Esta é uma abordagem de agrupamento estatístico em que todos os dados de imagens são classificados em classes utilizando uma escala probabilística.
1.4.5.3 Classificação híbrida não supervisionada e supervisionada
Inicialmente, os pontos de dados da imagem são classificados em vários grupos com base nas características, utilizando um algoritmo de formação não supervisionado, resultando num mapa não rotulado da região da imagem. O mapa não rotulado é subsequentemente avaliado

utilizando a verdade terrestre, um mapa de levantamento de visitas no terreno, imagens aéreas ou outro material de referência, e os grupos não rotulados recebem etiquetas de classe adequadas. Os métodos de formação supervisionada e não supervisionada são fundidos num único sistema.

1.5 Características do HIS

Na imagiologia hiperespectral, a palavra "hiper" implica "demasiadas" ou "muitas bandas", e contém frequentemente cerca de 200 bandas espectrais. As imagens são espectralmente sobre-expostas e fornecem muitos dados espectrais para identificar e distinguir itens espectralmente distintos. Abrange não só o espetro visível, mas também certos comprimentos de onda infravermelhos e ultravioletas. A informação adicional nas bandas espectrais pode ser utilizada para categorizar com maior precisão os objectos numa imagem. As propriedades espaciais e espectrais da imagem hiperespectral permitem aos utilizadores identificar e diferenciar o item com maior flexibilidade (Ye *et al.* (2020),Jiang, Li e Zhang (2019),Zhu *et al.* (2019)).

* Múltiplos números de bandas espectrais
* Estreiteza na resolução espetral elevada
* Continuidade das bandas espectrais

Os dados hiperespectrais contêm informações que são normalmente determinadas em três modos de expressão espacial (Liguo et al. 2016), como o espaço espetral, o espaço eigénico e o espaço de imagem, como indicado na Figura 1.14, com base nas características das imagens hiperespectrais e nas suas técnicas de processamento correspondentes.

1.6 Aplicações da imagiologia hiperespectral

A deteção remota é uma das aplicações mais utilizadas da imagiologia hiperespectral. A técnica foi criada para a exploração mineira e a geologia, mas ultimamente tem sido utilizada na vigilância e na ecologia. Está a tornar-se cada vez mais aberta ao público em geral. Muitas instituições, como o USGS e a NASA (National Aeronautics and Space Administration), registam as suas

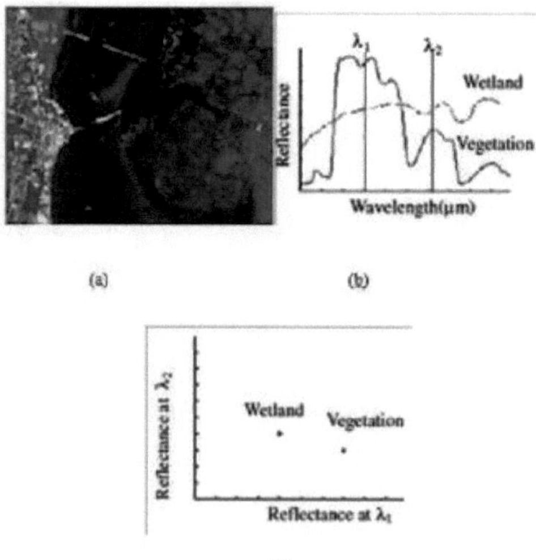

Fig. 1.14 a) Espaço-imagem b) Espaço-espetro c) Espaço-eigens

18

assinaturas espectrais e diferentes minerais e torná-los prontamente acessíveis aos académicos. A aplicação de imagens hiperespectrais melhora consideravelmente a qualidade do mapeamento químico (Xie, Li, Lei, Yang e Zhang (2019), Shi e Pun (*2018b*), Li, Zheng, Duan, Yang e Wang (2020), Liu, Yu, Zhang, Tan, Wang e Zhi (2018)).

1.6.1 Vigilância

A utilização de tecnologias de digitalização para efeitos de vigilância é caracterizada como vigilância hiperespectral. As aplicações militares e de vigilância aérea beneficiam grandemente desta tecnologia. Uma varredura hiperespectral mostra dados de grandes secções do espetro de luz em várias bandas, resultando numa assinatura espetral. Para gerar imagens de infravermelhos térmicos, as imagens hiperespectrais necessitam normalmente de arrefecimento com hélio ou azoto líquido, o que significa que não podem ser utilizadas em mais equipamento de vigilância. Para a monitorização do exterior e dos UAV, foi utilizada uma câmara de infravermelhos hipspectrais sem uma fonte de luz externa (veículos aéreos não tripulados).

1.6.2 Física

A microanálise que utiliza a espetroscopia Raman, a luminescência catódica (CL), a espetroscopia de raios X por dispersão de energia (EDS) e outras técnicas faz parte das tecnologias de microscopia eletrónica. Sempre que a espetroscopia regista um ponto, é considerado o espetro completo. O mapeamento individual pode ser adquirido utilizando o mapeamento hiperespectral, para além do espetro completo, e os dados qualitativos serão analisados utilizando o pós-processamento informático da informação.

1.6.3 Agricultura

A utilização da deteção remota hiperespectral para monitorizar o desenvolvimento e a saúde das culturas está a aumentar de dia para dia. A composição química da planta é diferenciada utilizando dados hiperespectrais, que são depois utilizados para diferenciar o estado da água e os nutrientes do trigo num ambiente irrigado. Outro benefício é a identificação de proteínas animais na agricultura para prevenir a doença das vacas loucas. Consequentemente, a tecnologia de imagem hiperespectral é frequentemente utilizada na agricultura.

1.6.4 Análise da qualidade dos alimentos

A composição química dos produtos alimentares pode ser determinada utilizando imagens hiperespectrais. Consequentemente, as estruturas de imagiologia hiperespectral são consideradas ferramentas de inspeção em linha eficazes para detetar adulterações e manter a qualidade e a segurança dos produtos, incluindo legumes, frutas e aves de capoeira.

1.6.5 Ciências médicas

As imagens hiperespectrais são amplamente utilizadas em aplicações médicas para obter informações espectrais sobre a amostra de tecido, o paciente ou o estado da doença.

1.6.6 Mineralogia da superfície

Nos sectores da exploração mineira e do processamento de minerais, a fotografia hiperespectral pode ser utilizada para detetar uma variedade de minerais. Os terminais de inspeção em linha ou os equipamentos portáteis equipados com sensores hiperespectrais aumentam consideravelmente a capacidade e a eficiência do processo de fabrico.

1.6.7 Aplicações militares

A tecnologia de imagem hiperespectral está a ser cada vez mais utilizada para aplicações militares e de defesa, como a identificação de alvos falsos, a avaliação das condições de combate e o teste de armas químicas, devido à sua elevada resolução espácio-espetral. Para além destas aplicações, a imagiologia hiperespectral é utilizada em astronomia, imagiologia química, monitorização ambiental e oftalmologia (Chunhui *et al.* (2018),Wang, Zou e Cai (2020),He *et al.* (2018)).

1.7 Motivação

Satélites, aviões e outros veículos equipados com diferentes sensores ópticos adquirem dados sobre a superfície terrestre a uma grande distância no âmbito da deteção remota. Os sensores de imagem pancromática, multiespectral e hiperespectral são todos sensores ópticos amplamente utilizados. Em contraste com os sensores pancromáticos ou multiespectrais, que recolhem sinais numa única ou em algumas bandas distintas, os sensores hiperespectrais podem sentir a superfície terrestre alvo ao longo de uma vasta gama contínua do espetro eletromagnético. A imagem hiperespectral resultante tem dezenas ou centenas de bandas contínuas e contém dados granulares sobre as qualidades de reflexão espetral da superfície terrestre. Estas qualidades de reflexão espetral dependem muito da composição dos materiais. Assim, as imagens hiperespectrais são normalmente utilizadas na categorização de imagens de deteção remota e têm suscitado um interesse de estudo considerável no domínio da deteção remota. Além disso, à medida que as tecnologias de hardware avançam, a resolução das fotografias de deteção remota hiperespectrais aumenta, fornecendo informações espaciais abundantes para além das informações espectrais para categorização. A classificação dos pixels numa imagem hiperespectral é fundamental na maioria das aplicações. Apesar do facto de este esforço estar repleto de dificuldades. Um dos problemas mais significativos é a falta de pixels corretamente designados. Quando comparado com o tamanho da imagem No espetro da HIS, a falta de pixéis marcados leva a uma escassez de dados de treino. Assim, encorajados por trabalhos anteriores, propomos uma investigação para resolver o desafio acima mencionado, reduzindo a elevada dimensionalidade e desenvolvendo uma abordagem de classificação eficaz e eficiente utilizando técnicas supervisionadas, não supervisionadas e semi-supervisionadas.

1.8 Declaração do problema

O conceito básico de uma imagem hiperespectral é a existência de um elevado número de bandas espectrais minúsculas e contíguas que contêm diferentes tipos de informação. Esta informação pode ser utilizada em aplicações de deteção remota como a categorização da cobertura do solo, a análise e proteção de culturas e a identificação de minerais. Na maioria das aplicações, a categorização dos pixels numa imagem hiper-espetral é fundamental. Apesar do facto de este esforço estar repleto de dificuldades. Um dos impedimentos mais significativos é a escassez de píxeis precisamente identificados. Além disso, em comparação com as dimensões do espetro HIS, a falta de píxeis marcados leva a uma escassez de dados de treino. Este facto introduz na aplicação a maldição da dimensionalidade. As imagens hiperespectrais têm um grande número de dimensões espectrais e são também abundantes. Ao reduzir a dimensionalidade dos dados de entrada, a descoberta de várias características desempenha um papel crucial no processo de classificação. Isto é conseguido através da utilização de excelentes algoritmos para redução da dimensionalidade e categorização de píxeis HSI.

1.9 Objectivos do trabalho de investigação

Com base na análise do espetro de pixéis, as imagens hiperespectrais adquiridas por sensores podem ser categorizadas. Esta tese propõe uma estratégia de categorização de imagens hiperespectrais que é de natureza espetro-espacial. Os objectivos principais desta investigação são os seguintes:

• Um quadro para a classificação de HSI, designado por Quadro de Aprendizagem Adversária Profunda (DALF), baseia-se na arquitetura GAN e é composto por três componentes: um discriminador (D), um classificador (C) e um gerador (G). O desempenho da abordagem proposta é determinado por um algoritmo designado por Abordagem Híbrida Baseada em Modelos Generativos para a Classificação de HSI (GMHA-HSIC).

• É apresentada uma nova abordagem para a técnica de classificação de imagens hiperespectrais utilizando a análise de componentes principais (PCA), a decomposição bidimensional do modo empírico (BEMD) e máquinas de vectores de apoio (SVM).

• Com base na estrutura de HSI espetro-espacial, foi concebida uma estrutura de classificação semi-supervisionada única. Ao incluir o MNF, é eficaz minimizar o ruído no HSI de forma mais eficiente durante a redução da dimensionalidade. A abordagem proposta de redes adversárias geradoras de ciclo (Cycle-GANs) para a categorização de HSI emprega características espácio-espectrais para aumentar a precisão da classificação.

1.10 Desafios na classificação de imagens hiperespectrais

Devido à natureza altamente dimensional dos dados hiperespectrais, bem como à semelhança entre os espectros e os pixéis mistos, a tecnologia de classificação de imagens hiperespectrais continua a confrontar-se com uma série de problemas, os mais prementes dos quais são os enumerados a seguir.

• Os dados das fotografias hiperespectrais são extremamente dimensionais. Juntamente com a dimensão da informação espetral, as imagens hiperespectrais podem conter até centenas de dimensões devido ao facto de serem formadas utilizando valores de reflectância espetral adquiridos em centenas de bandas por espectrómetros de imagem aéreos ou espaciais.

• Não é possível identificar classes espectralmente semelhantes e classes residuais que apresentem reacções comparáveis utilizando características espectrais, pelo que as características espectrais não podem ser utilizadas para as separar. Do mesmo modo, para classes texturalmente idênticas, as características texturais têm um desempenho inferior. Deve ser fornecida uma abordagem adequada para a extração de características.

• Há muitas classes diferentes de ocupação do solo para classificar, algumas das quais cobrem áreas espaciais minúsculas, enquanto outras cobrem áreas maiores. Como resultado, a imagem de teste hiperespectral inclui tanto as classes mais pequenas como as maiores, o que exige o desenvolvimento de algoritmos de classificação que possam lidar com uma vasta gama de classes, mantendo uma elevada precisão, independentemente do número de pixels em cada classe. Entretanto, algumas das classes estão dispersas pelo ambiente de investigação, em vez de estarem concentradas num único local. Como resultado, a categorização de imagens hiperespectrais é por vezes dificultada por uma escassez de amostras marcadas.

• A questão computacional. Uma abordagem de extração de características amplamente acessível garante a extração de um elevado número de características. A complexidade computacional aumentará se todas as características extraídas forem utilizadas. Consequentemente, são necessários algoritmos eficazes de seleção de características, que mantenham as características com excelente capacidade de discriminação e eliminem as características menos informativas ou redundantes. O processo de seleção das características deve ser efectuado de forma a reduzir o tempo de cálculo sem perder a precisão da classificação.

•   Variabilidade na distribuição espacial da informação espetral. Nas fotografias hiperespectrais, a dimensão espacial da informação espetral varia em função das condições do ar, dos sensores, da distribuição dos objectos no solo e do ambiente circundante. Como consequência, cada pixel representa uma caraterística única do solo.

•   Quando são adquiridas imagens hiperespectrais, a interferência do ruído e dos elementos de fundo tem um impacto significativo na qualidade dos dados obtidos. A qualidade da imagem das imagens hiperespectrais tem um efeito direto na precisão da classificação.

1.11 Organização da tese

A organização da tese está dividida nas seguintes secções:

Chapter 1-   Introduz a imagem hiperespectral, analisa as técnicas de classificação de imagens hiperespectrais, explora as propriedades da HIS e discute os problemas e utilizações da imagem hiperespectral.

Chapter 2-   Contém uma breve panorâmica da literatura sobre o trabalho na área da classificação de imagens hiperespectrais, com destaque para a técnica de classificação espetro-espacial.

Chapter 3-   Este capítulo intitula-se "DALF: An AI-Enabled Adversarial Framework for Classification of Hyperspectral Images" (DALF: uma estrutura adversária para a classificação de imagens hiperespectrais) e explora um autoencoder profundo para a redução da dimensionalidade. Para além de utilizar um classificador, é utilizada uma GAN para gerar novas amostras de imagens hiperespectrais (HSI) que devem ser confirmadas por um discriminador numa situação de jogo não cooperativo. SVM e Redes Neurais são utilizadas como classificadores, enquanto as Redes Neurais Convolucionais (CNN) são utilizadas como discriminadores e geradores.

Chapter 4-   Este capítulo intitulado "Classificação de imagens hiperespectrais utilizando máquinas de vectores de apoio" descreve PCA, BEMD e SVM. Nesta fase, o primeiro componente principal é extraído utilizando a abordagem de extração de características PCA no conjunto de dados hiperespectrais. Este componente é introduzido no algoritmo BEMD, que o separa em quatro partes: as três primeiras representam as funções de modo intrínseco (IMF), enquanto a quarta parte apresenta o resíduo.

Chapter 5-   Este capítulo, intitulado "Uma rede neural Cycle-GAN semi-supervisionada para a classificação de imagens hiperespecíficas com MNF", descreve o método Cycle-GANs. Este método utiliza extensivamente as amostras rotuladas, que são curtas e têm um grande número de imagens não rotuladas. Posteriormente, o modelo proposto é implementado em três métodos de conjuntos de dados hiperespectrais padrão.

Chapter 6-   Conclui com uma discussão sobre a melhoria do software da abordagem de classificação proposta.

REVISÃO DA LITERATURA

As classificações semi-supervisionadas, supervisionadas e não-supervisionadas são os três tipos de algoritmos de aprendizagem profunda e de aprendizagem automática de imagens hipopérsicas descritos nas secções seguintes. As amostras de formação na técnica supervisionada já estão rotuladas por verdades fundamentais conhecidas, características espectrais ou interpretações de imagens, entre outras coisas. As amostras de formação numa técnica não supervisionada não são rotuladas e a classificação é obtida através da discriminação de características básicas dos dados. A classificação não supervisionada e supervisionada são combinadas numa técnica semi-supervisionada.

2.1 Introdução

A recolha de dados através de um elevado número de bandas de comprimento de onda é conhecida como deteção remota hiperespectral. Os espectros adquiridos de uma determinada cena por um sensor de satélite ou um avião a longo, médio ou curto alcance são analisados e interpretados como imagens hiperespectrais (HSI). Com elevadas resoluções espectrais e espaciais, as imagens de deteção remota hiperespectral ganharam recentemente popularidade. Estas imagens têm várias utilizações nos sectores médico, mineiro, da defesa e ambiental devido ao seu grande poder de resolução para espectros finos. A recolha de HSI depende da colocação de espectrómetros de imagem em diferentes locais. Na década de 1980, foi criado o espetro de imagem. Esta tecnologia é capaz de captar ondas electromagnéticas nas gamas do infravermelho, do infravermelho próximo, do visível e do ultravioleta. No comprimento de onda selecionado, cada pixel pode obter um espetro que é completamente refletido ou emitido, devido às várias bandas minúsculas e contínuas do espetrómetro de imagem. Como consequência, a imagem hiperespectral tem um grande número de bandas, tem uma elevada resolução espetral e contém uma grande quantidade de informação.

Os elementos individuais (padrões/imagens, regiões/pixéis e objetos) são categorizados de acordo com a sua semelhança com a descrição de um grupo durante o processo de classificação. A classificação HSI é o processo de categorização dos pixéis de imagem incluídos numa imagem HS. O principal objetivo da categorização de imagens é identificar materiais, detetar processos e localizar objectos através da determinação do espetro de cada pixel numa HSI. A classificação da imagem é o processo de categorização dos pixéis em classes distintas com base nos seus valores. Para a classificação HSI, é necessário identificar os diferentes pixéis na sequência de imagens hiperespectrais. Esta série de imagens contém dados espectrais. Cada sequência espetral HSI tem o seu próprio espetro eletromagnético, permitindo que cada imagem seja distinguida de outras imagens hiperespectrais. A categorização de HSI é uma tarefa difícil, uma vez que há muitos aspectos a considerar, tais como

• Embora existam muitas bandas espectrais, não existem muitas amostras de treino. A maldição da dimensionalidade, também conhecida como fenómeno de Hughes, descreve esta condição.

• É necessário gerir um grande número de classificações de ocupação do solo.

A distribuição das classes de dados é não linear.

Para responder a estes desafios, deve ser adotado um classificador adequado. O classificador deve ser capaz de lidar com dados multi-classe, dados não lineares e dados enormes. As qualidades significativas das características adquiridas devem ser seleccionadas e transmitidas aos classificadores, a fim de se obter uma taxa de precisão elevada. Este método é conhecido como seleção de características. Os dois principais tipos de classificação hiperespectral são a classificação espetral e a classificação espacial. Os valores de reflectância dos pixels são tidos em conta na categorização espetral em vários comprimentos de onda. Com esta reflectância e comprimentos de onda, os parâmetros espectrais essenciais, como a variância, o desvio padrão, a reflectância mais baixa, a reflectância máxima e a reflectância média, podem ser calculados e utilizados para a categorização.

Na classificação espacial, são identificados os traços e atributos texturais, bem como a disposição espacial dos pixéis e os seus valores contextuais. As aplicações florestais, o planeamento urbano, a avaliação de danos ambientais, a monitorização agrícola, a cartografia da ocupação do solo e a gestão do crescimento são apenas algumas das áreas em que a categorização HSI é útil. A classificação de imagens inclui etapas como o pré-processamento da imagem, a escolha de amostras de treino e a avaliação da precisão, o processamento pós-classificação, a escolha de procedimentos de classificação adequados e a extração de características. Para classificar imagens, podem ser utilizados vários classificadores, incluindo contextuais, baseados no conhecimento, por campo, sub-pixel e por pixel, com base na informação do pixel. Utilizando amostras de treino, a classificação de imagens pode ser dividida em não supervisionada, supervisionada ou semi-supervisionada. A classificação não supervisionada é o processo de identificação de estruturas ou agrupamentos naturais sem a utilização de um computador. A classificação supervisionada é o processo de categorização (ou seja, atribuir aos pixéis não classificados mais do que uma classe informativa) utilizando amostras de identidade conhecida. Durante a fase de formação, os algoritmos semi-supervisionados integram uma quantidade limitada de dados rotulados com uma enorme quantidade de dados não rotulados. Vários autores sugeriram várias abordagens de categorização para HSI, que são resumidas nas categorias seguintes.

2.1.1 Abordagem supervisionada para classificação

(Paoletti *et al.* (2018)) introduzem uma arquitetura CNN para a categorização de imagens hiperespectrais. A CNN sugerida é uma rede tridimensional que incorpora dados espaciais e espectrais. As redes neurais tradicionais que apenas levam em conta as informações espectrais produziram resultados de classificação mais altos do que os alcançados pela combinação de informações espectrais e espaciais. Obtiveram excelentes precisões de classificação em tempos de processamento aceitáveis com a seleção correcta da topologia e dos parâmetros, ajudados pelo facto de a sua CNN ter sido construída utilizando eficazmente GPUs.

(Haut *et al.* (2018)) utilizaram dados espaciais, espaciais e espectrais para criar o modelo AL baseado em B-CNN para a categorização de HSI. Ao incorporar de forma inteligente amostras de treino não rotuladas escolhidas e ao combinar os dados espácio-espectrais incluídos no HSI original, em conjuntos rotulados limitados, a metodologia sugerida é robusta ao sobreajuste, aumentando a capacidade de generalização. Com apenas alguns conjuntos de treino, a AL é emparelhada com CNNs (através de BNNs) para realizar uma categorização robusta de imagens hiperespectrais. O estudo sugerido demonstrou uma precisão de classificação extremamente boa utilizando relativamente poucos dados rotulados, evitando a maldição da dimensionalidade e os problemas de sobreajuste que estes tipos de redes apresentam.

(Zhao, Li, Li, Zhang e Li (2019)) sugeriram uma arquitetura de aprendizagem profunda para a classificação de HSI utilizando amostras rotuladas de um número limitado que incorporam elementos texturais do GLCM nas CNN. Foram realizadas três etapas para implementar esta abordagem. As características texturais do GLCM são recuperadas a partir do primeiro componente principal da análise de componentes principais (PCA). Em segundo lugar, foi desenvolvida uma CNN para a extração de dados espectrais profundos das imagens hiperespectrais originais, que foram depois integrados com os dados texturais adquiridos na fase inicial numa camada de concatenação da CNN. Por fim, para concluir a estrutura, foi utilizado o softmax para construir mapas de categorização. Como resultado, a CNN concentra-se apenas na aprendizagem de atributos espectrais, e os dados texturais resultantes são utilizados como um único conjunto de características antes do softmax. Assim, o número de dados de treino tem de ser reduzido e a eficiência de cálculo é aumentada.

(Li *et al.* (2019)) introduziram uma abordagem de classificação DBNHSI baseada em sensores com ótica multivariada e em camadas com máquinas de Boltzmann limitadas. Com base no DBN, eles sugeriram a estrutura DBN para classificar dados de sensores hiperespectrais espaciais. A abordagem revista (que incluía dados espaciais e espectrais) foi então testada. O modelo DBN aprendeu as características de forma satisfatória após afinação supervisionada e pré-treino não supervisionado. Incluíram também uma camada de regressão logística para classificar imagens hiperespectrais. Além disso, a abordagem de formação proposta foi avaliada nos conjuntos de dados PU e IP e combina informação espacial e espetral.

(Li *et al.* (2018)) propôs o AdaBoost-WCKELM, uma técnica de classificação HSI que integra a estrutura AdaBoost com o algoritmo ELM para alterar adaptativamente os pesos dos dados de treinamento. A média padrão e a média local foram recuperadas para colaborar com as bandas espectrais originais com dados espaciais. O algoritmo ELM foi então modificado para utilizar a abordagem de kernel composto. Quando comparado com outra abordagem, a experiência demonstrou que o método recomendado pode proporcionar uma elevada precisão, resistência e um excelente desempenho para vários tamanhos de conjuntos de treino.

(Okwuashi e Ndehedehe (2020)) combinaram a aprendizagem profunda com máquinas de vectores de apoio para criar uma DSVM híbrida. A arquitetura DSVM utilizada nesta experiência é semelhante à de uma DNN, consistindo em várias camadas ocultas. Normalmente, os pesos ligam os neurónios da camada oculta, mas, neste caso, os pesos são definidos utilizando muitas funções SVM alteradas utilizando o parâmetro de regularização SVM. A saída DSVM óptima para cada entrada foi gerada através da atualização de todas as funções da camada oculta ligadas. O projeto utiliza dois HSI, a Universidade de Pavia e Indian Pines, como locais de teste experimental e preliminar. Para conseguir uma separação multi-classe, as abordagens multi-classe OAA são utilizadas para alterar a SVM. Para determinar a robustez do nosso modelo híbrido DSVM, comparamos os seus resultados com os do modelo
KM, KNN, GMM, DNN e SVM.

(Wang, Wan, Ye e Lai (2017)) introduziram um sistema de classificação de imagens de deteção remota utilizando os algoritmos MBACO e SVM óptimos. Os resultados foram comparados com o melhor SVM produzido pelos algoritmos BCS, BDE, BACO, BPSOeGA. Em geral, os algoritmos de inteligência de enxame e os algoritmos evolutivos demonstraram ser eficazes na melhoria do desempenho das SVM. O algoritmo MBACO supera os outros em termos de velocidade e de capacidade de descobrir a melhor solução com rapidez suficiente para determinadas aplicações em tempo real. Além disso, o método MBACO superou os algoritmos BCS, BDE, BACO, BPSO eGA em termos de valor médio de aptidão, o que indica que é mais adequado para aprender a SVM óptima. Finalmente, para a classificação de uma imagem real, foi utilizada a melhor SVM com os melhores parâmetros e subconjunto de características, e a precisão da classificação foi comparada com duas abordagens FCM-SVM e DBN recentemente concebidas.

(Sukawattanavijit *et al.* (2017)) recomendaram a utilização de GAs e SVMs para reconhecer tipos distintos de cobertura do solo utilizando uma mistura de radar de abertura sintética (SAR) e imagens ópticas. Além disso, a precisão da classificação é influenciada pela seleção de características e pelos parâmetros do kernel SVM. Como resultado, foi utilizado um AG para escolher características e otimizar parâmetros. Neste artigo, foi apresentada uma técnica GA-SVM para categorizar imagens multiespectrais multifrequência Thaichote (THEOS) e imagens SAR RADARSAT-2 (RS2). Os resultados do algoritmo GA-SVM foram comparados com os do algoritmo de pesquisa em grelha, uma forma mais convencional de procurar parâmetros.

(Ienco *et al.* (2017)) investigaram o potencial das RNN, nomeadamente o modelo LSTM, para classificar a cobertura do solo utilizando dados espaciais multitemporais gerados a partir de uma série de fotografias de satélite. Realizaram testes em dois conjuntos de dados distintos, utilizando técnicas de categorização baseadas em objectos e em pixels. Na presença de classes mal representadas e/ou altamente misturadas, os resultados adquiridos demonstraram que as Redes Neuronais Recorrentes são competitivas com os classificadores existentes e podem ultrapassar as técnicas convencionais. Também demonstram que o emprego da representação alternativa de características gerada pelo LSTM pode ajudar os classificadores convencionais a ter um melhor desempenho.

(Sharma *et al.* (2018)) apresentou um novo sistema RNN baseado em patches que foi especificamente concebido para a categorização da cobertura do solo. Para mapear a cobertura do solo, o modelo exibido emprega novos atributos para aproveitar totalmente os dados espaciais, multiespectrais e multitemporais. Eles calcularam amostras multitemporais-espectrais-espaciais de imagens de sensoriamento remoto multiespectrais-temporais para todo o ano, compreendendo uma série de 23 patches para a posição central do pixel de uma janela 3 *x* 3 separada. O esquema desenvolvido utiliza tanto a informação espacial dos dados de deteção remota multitemporal como os padrões espectrais dependentes do tempo ligados a tipos distintos; as nuvens e os pixels de sombra foram tratados limitando os vectores de pixels que entram na célula LSTM. O sistema sugerido foi comparado com os sistemas de NN multi-imagem com base em patches, NN de imagem única com base em patches, NN multi-imagem, NN de imagem única e RNN com base em pixéis.

(Mou *et al.* (*2017a*)) desenvolveu a abordagem RNN, que pode avaliar pixéis hiperespectrais como dados sequenciais e, em seguida, utilizar a inferência de rede para obter informações detalhadas. Para o processamento de dados sequenciais hiperespectrais, a RNN emprega a função de identidade PRetanh em vez da habitual relu ou tanh. Devido à função de ativação recomendada, relacionada com hiperparâmetros que podem ser utilizados sem o perigo de divergência durante o processo de formação. Além disso, para tratar rapidamente os dados hiperespectrais e diminuir o número total de parâmetros, foi utilizada uma unidade recorrente gated modificada para formar a camada recorrente na rede, que utilizou PRetanh para a representação oculta.

De acordo com (Wu e Prasad (*2017a*)), as RNNs são uma opção adequada para a categorização de dados de HS. Embora as CNN possam detetar certas correlações nas sequências de entrada, só podem representar relações locais devido ao curto comprimento dos filtros convolucionais. Consequentemente, as redes neuronais recorrentes são mais eficazes na simulação da dependência das sequências. Os autores sugeriram a aprendizagem de características adicionais de discriminação de dados hiperespectrais para categorização utilizando uma CRNN. Em primeiro lugar, algumas camadas convolucionais são treinadas na CRNN para extrair características localmente invariantes e de nível médio a partir de dados brutos, seguidas de camadas recorrentes para recuperar dados espetro-contextuais a partir das características criadas pelas camadas convolucionais.

(Shi e Pun (*2018a*)) empregaramMHRNNs para treinar os pixéis de imagem de manchas que são contíguas da imagem no pixel de imagem 2-D. Para começar, constroem manchas de imagem tridimensionais multi-resolução do pixel no meio e dos pixels adjacentes para melhor representar coisas de vários tamanhos. As características espaciais e espectrais da estrutura geométrica local são depois extraídas de cada fragmento de imagem 3D utilizando CNNs 3D. Por último, são gerados padrões unidimensionais multi-resolução em 8 direcções no domínio das características locais 3D e sugerem-se MHRNNs para adquirir a dependência espacial das características espaciais e espectrais locais em várias resoluções. A técnica sugerida tem em conta não só as propriedades espetro-espaciais locais do HSI, mas também a dependência espacial das manchas de imagem que são contíguas a várias escalas.

(Deng *et al.* (2018)) propuseram redes de cápsulas (CapsNets), que são redes neurais que podem melhorar as CNNs mais sofisticadas. Para a classificação HSI, com menos dados de treinamento, eles introduziram um CapsNet de duas camadas.impulsionado pela semelhança e acessibilidade de modelos de aprendizagem profunda mais rasos. Os conjuntos de dados Pavia U (PU) e Salinas A, que representam conjuntos de dados complicados e simples, respetivamente, e se destinam a avaliar a robustez ou a representação de cada modelo ou classificador, foram utilizados para construir a CapsNet em causa. Além disso, para a comparação da CNN com a CapsNet, foi desenvolvido um paradigma semelhante de conceção da arquitetura da rede.

(Zhong *et al.* (2017)) utilizou o modelo profundo amplamente utilizado, que se baseia em redes de crenças profundas (DBN). As DBNs permitem um pré-treinamento não supervisionado com dados não rotulados inicialmente, seguido de um ajuste fino supervisionado usando amostras rotuladas. No entanto, muitas unidades ocultas em DBNs treinadas agiriam provavelmente da mesma forma ou funcionariam como factores latentes "mortos" (nunca reagindo) ou "possivelmente demasiado tolerantes" (respondendo sempre) se fossem pré-treinadas e afinadas normalmente. Estas observações podem ter um impacto negativo nas capacidades de caraterização das DBNs e, consequentemente, no desempenho do classificador. Este estudo concebeu uma rede diversificada de DBN através de pré-treino regularizado e de processos de afinação fina, utilizando uma perspetiva que enfatiza os componentes anteriores sobre os componentes latentes para melhorar ainda mais o desempenho da DBN. Além disso, a arquitetura normal de aprendizagem gulosa repetitiva e backprop pode ser utilizada para construir facilmente a pré-treino regularizada e o ajuste fino.

Uma CNN siamesa baseada num método supervisionado de extração de características profundas foi introduzida por (Liu, Yu, Zhang, Yu, Fu e Wei (2017)). (S-CNN). Isto foi recomendado como uma forma de aumentar o desempenho da categorização de imagens hiperespectrais. Inicialmente, é utilizada uma CNN de cinco camadas para extrair eficazmente camadas mais profundas da espetroscopia 3D, desempenhando o papel de transformação de uma forma não linear. Duas CNNs compõem a rede siamesa e são usadas para prever características que têm uma baixa variabilidade dentro da classe, mas uma grande variabilidade entre as classes. Uma parte importante da técnica S-CNN é o facto de ter sido supervisionada por uma função de perda para classificação de margens, o que pode ajudar a encontrar características mais únicas para categorizar actividades. As características derivadas de três conjuntos de dados hiperespectrais frequentemente utilizados foram passadas para um classificador SVM (linear) para ilustrar a eficiência da abordagem de extração de características sugerida.

2.1.2 Abordagens semi-supervisionadas para classificação

(Zhang (2020)) desenvolveu uma técnica semi-hiperespectral baseada num gráfico construído com LLE e dados espaciais discriminatórios. Os coeficientes de reconstrução são então utilizados para expandir o peso do gráfico. Em seguida, criam ligações entre LLE e SSL. Extraíram DSI na região das amostras que necessitavam de ser categorizadas para melhorar a eficácia da abordagem SSL, que utiliza informações importantes e, ao mesmo tempo, elimina informações falsas. Em seguida, utilizaram um quadro bayesiano para integrar os dados geográficos com os resultados de abordagens SSL anteriores. Mesmo com um tamanho de amostra limitado para treino, os resultados experimentais em três conjuntos de dados hiperespectrais diferentes mostraram que a técnica sugerida tem um bom desempenho na classificação.

(Li *et al.* (2017)) introduziu o ST-IRGS, uma técnica de classificação e segmentação conjunta semissupervisionada que foi utilizada para a classificação de imagens hiperespectrais. Dependendo do modelo CRF, a técnica pode combinar um modelo de contexto espacial, uma fusão de região e aprendizado semissupervisionado em uma estrutura unificada. Para os potenciais unários, foi empregue o modelo MGMLC, e a função de penalização de extremidades foi incluída nos potenciais bilaterais. Para incluir amostras não rotuladas no conjunto de treino, foi utilizada a abordagem de auto-treino. As amostras brutas foram retiradas exclusivamente de locais que incluíam as amostras de treino originais, o que se revelou mais fiável do que confiar apenas nas previsões das amostras não rotuladas. O conjunto de treino foi aumentado progressivamente à medida que as áreas eram repetidamente combinadas. Devido aos critérios de fusão de regiões, a informação da intensidade e da força dos bordos é implicitamente utilizada para a seleção.

(Cao *et al.* (2020)) apresentam um método de classificação de HSI que combina AL e aprendizagem profunda. Seguem-se algumas das vantagens da técnica proposta. Em primeiro lugar, a nossa estraté-

combina o melhor dos dois mundos, nomeadamente a excelente capacidade de discriminação da aprendizagem profunda e a eficiência de etiquetagem da AL. Em segundo lugar, esta técnica pode minimizar significativamente os custos de rotulagem, escolhendo ativamente as amostras mais relevantes e utilizando a estratégia DA. Por fim, o MRF é utilizado para utilizar ainda mais a correlação local espacial das etiquetas para aumentar o desempenho do classificador.

Uma abordagem semi-supervisionada baseada em grafos foi desenvolvida por (He *et al.* (2021)) He et al. [55] com partículas cooperativas e competitivas que podem melhorar consideravelmente o desempenho do modelo ao utilizar dados não rotulados. Para começar, eles calcularam a matriz de afinidade usando uma abordagem eficaz de construção de gráficos limitados capaz de criar uma relação de similaridade fortemente ligada entre as amostras e os gráficos, a fim de diminuir a criação de ruído rotulado. Depois, para a propagação de rótulos, apresentaram um mecanismo de competição e cooperação de partículas que podia detetar e voltar a rotular dinamicamente instâncias mal classificadas, evitando a propagação de rótulos imprecisos e permitindo que todo o sistema efectuasse uma melhor classificação explorando dados rotulados previstos. Por fim, classificaram imagens hiperespectrais utilizando o modelo sugerido.

(Huang *et al.* (2021)) apresentou uma técnica de aprendizagem transdutiva eficaz para categorização de imagens hiperespectrais com base na teoria variacional de gráficos não locais. Para começar, uma representação gráfica esparsa é construída usando a similaridade de vizinhança de vetor não local. A vectorização de energia não local é então gerada utilizando o modelo de segmentação variacional, que é depois expandido para a rotulagem. Para efetuar a aprendizagem transdutiva de etiquetas, foi concebida uma iteração de eliminação alternativa que é um método rápido e completo. Simultaneamente, com a projeção simplex, as restrições das amostras rotuladas foram duplicadas. Finalmente, foram efectuados testes em seis conjuntos de dados de imagens hiperespectrais frequentemente utilizados. O resultado da classificação demonstra que a estratégia sugerida superou as técnicas de classificação existentes. Na abordagem de categorização sugerida, os rótulos podem ser propagados e resolver o problema da dimensionalidade extremamente elevada e da rotulagem restrita até certo ponto, utilizando a teoria dos grafos e os princípios transdutivos.

(He *et al.* (2017)) desenvolveram uma abordagem de classificação semi HSI baseada em GANs (GANs). Ao contrário das abordagens supervisionadas, o método de classificação HIS proposto é semi-supervisionado, o que lhe permite utilizar plenamente tanto dados rotulados limitados como dados não rotulados adequados. Os conceitos centrais do método recomendado têm duas vertentes. Em primeiro lugar, ao considerar o HSI como um conjunto de dados volumétricos, foi utilizado o 3DBF para obter os dados espaciais-espectrais. O 3DBF incluiu a informação espacial nas características recuperadas, o que é benéfico para a fase de classificação que se segue. Em segundo lugar, para a aprendizagem semi-supervisionada, as GANs são treinadas com base em informações espetro-espaciais. Duas NNs (geradora e discriminadora) são combinadas para formar uma GAN. A aprendizagem semi-supervisionada expande o resultado do classificador ao incorporar amostras dos geradores nas características.

(Kemker e Kanan (2017)) utilizaram a aprendizagem autodidata para desenvolver quadros para a extração de características de imagens hiperespectrais não rotuladas. Para treinar numa grande quantidade adequada de dados não rotulados que diferem do conjunto de dados alvo, estes métodos aprendem a extrair características generalizáveis. Estes algoritmos podem extrair características de conjuntos de dados alvo menos rotulados depois de terem sido treinados. Classificaram os HSI utilizando duas estruturas de aprendizagem autodidata. O primeiro é um autoencoder convolucional empilhado composto por três camadas, enquanto o segundo é um método superficial baseado na análise de componentes independentes. Os sistemas são utilizados para avaliar os dados adquiridos na Universidade de Pavia, Salinas Valley e Indian Pines, utilizando dois sensores únicos posicionados a alturas diferentes. Apesar de uma variação significativa no tipo de evento, estes algoritmos obtêm resultados existentes nos três conjuntos de dados.

(Kemker *et al.* (2018)) revelaram que, ao corrigir erros nas camadas superficiais e mais profundas durante o treino, o SMCAE adquire propriedades de aprendizagem autodidata mais discriminativas. Além disso, eles demonstraram que o classificador SS-MLP é excelente na aprendizagem de baixo tiro e é capaz de lidar com entradas de alta dimensão. Em ambos os benchmarks de segmentação semântica IEEE GRSS, a estrutura SuSA foi capaz de alcançar o desempenho mais avançado e definir um novo benchmark para a aprendizagem de baixa frequência de conjuntos de dados HIS.

(Ahmad *et al.* (2020)) apresentou uma prévia espacial GFELM-AE, uma técnica de AL para

HSIC com o objetivo de reduzir a seleção de amostras tendenciosas, mantendo a estabilidade dos dados espaciais. A GFELM-AE difere das abordagens típicas de AL de várias formas, incluindo o facto de que, em vez de empregar medidas de incerteza, utiliza a imprecisão associada à confiança do modelo de treino na categorização de dados desconhecidos. Em seguida, o GFELM-AE combina a imprecisão das amostras com a sua variedade para escolher novas amostras de treino que sejam menos próximas das amostras de treino anteriores existentes. Finalmente, o GFELM-AE equilibra o conjunto de amostras escolhidas, fornecendo a todas as classes alguma representação, o que foi feito suavizando os limiares em tempo de execução. Uma análise do conjunto de dados HSI de referência mostra que o GFELM-AE melhora a exatidão da previsão para testes estatísticos como o F1-score, a recordação e a precisão, bem como para matrizes de classificação como a exatidão global e o coeficiente kappa (k).

A categorização ativa de aprendizagem profunda de imagens hiperespectrais foi apresentada por (Liu *et al.* (2016)). A aprendizagem profunda tem sido bem sucedida numa variedade de aplicações, mas requer amostras rotuladas de alta qualidade para construir uma rede de aprendizagem profunda. A abordagem sugerida escolhe amostras de treino com base em dois critérios: representatividade e incerteza. Ao escolher ativamente as amostras de treino em cada iteração, esta técnica treina eficazmente uma rede profunda. A abordagem sugerida foi testada na classificação de imagens hiperespectrais e comparada com os sistemas de classificação baseados na aprendizagem ativa existentes. A técnica sugerida provou ser eficiente e bem sucedida na categorização de imagens hiperespectrais.

(Wu e Prasad (*2017b*)) propuseram o PL-SSDL, um sistema de aprendizagem profunda semi-supervisionado. A abordagem utiliza pseudo-rótulos produzidos com base no algoritmo de agrupamento C-DPMM para rotular dados não rotulados. A CRNN profunda é pré-treinada utilizando informações com etiquetas falsas que podem ajudar a obter atributos distintos que são importantes para a categorização, uma vez que a pseudo-rotulagem manteve as distinções entre características pertencentes a várias classes. As características da CRNN pré-treinada serão ainda mais ajustadas através do ajuste fino da segunda CRNN profunda, tornando-as mais vantajosas para a classificação. Em três conjuntos de dados reais de fotografia hiperespectral, os resultados experimentais demonstraram que a técnica proposta supera os algoritmos supervisionados e semi-supervisionados existentes no estado da arte.

(Cui *et al.* (2018)) apresentou o ELP-RGF, uma nova abordagem semi-supervisionada para classificação baseada em RGF e ELP, em que o ELP é um processo de duas etapas para maximizar a utilização de dados não rotulados. Para transmitir informações de rótulos de amostras rotuladas para amostras vizinhas não rotuladas, o passo inicial foi construir uma propagação de rótulos com base no método de grafos. Depois, na segunda fase, utilizou-se a propagação de superpixéis para atribuir os mesmos rótulos a todos os pixels dentro dos superpixéis da abordagem de segmentação de imagem, permitindo que alguns dos rótulos designados no passo anterior fossem actualizados. Como consequência, o desempenho do classificador foi melhorado através da utilização de dados pseudo-rotulados que foram recolhidos. O ruído e as estruturas de micro-textura foram então removidos, e as características da imagem hiperespectral original foram optimizadas utilizando uma abordagem eficiente de extração de características, nomeadamente RGF. Finalmente, as máquinas de vectores de apoio (SVM) foram treinadas nestes dados iniciais rotulados e em exemplos pseudo-rotulados de elevada confiança.

(Appice *et al.* (2017)) introduziu um sistema híbrido transdutivo de classificação de imagens hiperespectrais que pode ser tratado com um pequeno conjunto de pixels rotulados num campo de dados espectrais com um grande número de dimensões. Utilizando um método coletivo, o sistema desenvolve continuamente propriedades espaciais distintas através de vizinhanças espaciais. Determina os rótulos dos pixels utilizando um sistema de treino conjunto de classificadores espaciais e espectrais e emprega a aprendizagem transdutiva para criar previsões correctas. A continuidade das etiquetas próximas é representada por características espaciais. Utilizam o facto de ser provável que dois pixels vizinhos partilhem uma etiqueta idêntica. As experiências mostraram que a técnica de co-formação espetral-espacial colectiva sugerida é precisa e eficiente.

(Wu *et al.* (2020)) desenvolveram uma abordagem de semi-classificação para HSI que se baseia em métodos de DL e de agrupamento que funcionam em conjunto. O método baseia-se em algoritmos de auto-aprendizagem para resolver o problema das HSI com um enorme conjunto de amostras não rotuladas e amostras marcadas que são demasiado dispendiosas. Começam por extrair informação espácio-espetral utilizando a CNN. De seguida, as características espetro-espaciais derivadas são utilizadas para agrupar restrições semânticas. O principal objetivo desta investigação é dividir a imagem hiperespectral em vários segmentos do espetro, sendo cada fatia espetral agrupada de acordo com restrições semióticas integráveis de forma independente e os resultados são comparados. Uma vez que os pixels vizinhos nas imagens hiperespectrais partilham a mesma classe, foram utilizados juízos locais para aplanar a pseudo-rotulagem após a obtenção dos resultados de agrupamento para as imagens completas.

Com base em potenciais discretos e gráficos, (Zhao, Su e Yan (2020)) desenvolveram um SSC-GDP para HSI. A construção do gráfico ponderado ligado e a divisão do gráfico ponderado são os conceitos centrais da abordagem sugerida. Os vizinhos espaciais de uma superpixel estão ligados através de uma ligação ponderada que foi utilizada para criar um gráfico de conetividade ponderada com base na segmentação da superpixel. Utilizando um potencial discreto e o método ISWH, o gráfico resultante é depois dividido em vários subgráficos. Cada classe no HSI é representada por uma comunidade no gráfico de ligação ponderada. Devido à abordagem de ligação local e à complexidade linear do algoritmo ISWH, a técnica SSC-GDP recomendada pode ser implementada rapidamente.

(Ren *et al.* (2019)) sugeriu SL2R, uma abordagem de classificação espetral-espacial semi-supervisionada que usa LRR local para caraterizar gráficos mais eficientes, para classificação HSI. O SSL e o LRR integrados em uma estrutura consistente no SL2R sugerido. A vantagem do SL2R sobre as abordagens de categorização HSI existentes é demonstrada por observações de pesquisa em dois conjuntos de dados. No entanto, o SL2R sugerido demonstrou um desempenho excecional na classificação, mas existem várias lacunas no estudo. Quando havia muitos pixéis para classificar, demorava muito tempo.

(Kang *et al.* (2019)) desenvolveram uma técnica para alargar o conjunto de formação para a classificação de imagens gráficas hiper-perspectrais utilizando a aprendizagem profunda. Para construir mapas de probabilidade de classificação para classificação HSI, EMAPs e PCA-EPFs são utilizados com um conjunto de treinamento de tamanhos de amostra minúsculos. Em segundo lugar, a função de decisão desenvolvida baseou-se nas probabilidades de classificação, o que gerou um grande número de falsos exemplos de formação. Por último, utilizando um conjunto de treino que inclui tanto o conjunto de treino original de tamanho de amostra reduzido como os dados de pseudo-treino, é utilizada uma DFFN para classificar HSI.

(Zhang, Cao, Li, Wang e Fu (2019)) apresentaram um paradigma híbrido para a RF que incorpora tanto a aprendizagem ativa (AL) como a aprendizagem semi-supervisionada (SSL) (ASSRF). Eles querem aumentar o desempenho da RF usando AL e SSL ao mesmo tempo. O objetivo do método proposto é treinar classificadores com elevada precisão de classificação utilizando um número mínimo de dados rotulados manualmente. Uma nova função de consulta é construída para consultar as amostras mais informativas para etiquetagem manual, e uma abordagem única de pseudo-rotulagem foi fornecida para escolher certas amostras para pseudo-rotulagem, a fim de atingir este objetivo. Para começar, a ASSRF utiliza dados geográficos para construir uma função de consulta para AL, permitindo-lhe escolher amostras mais relevantes. Em segundo lugar, a estratégia de pseudo-rotulagem sugerida minimiza o enviesamento causado pelas amostras rotuladas com AL, para além de fornecer amostras rotuladas adicionais para SSL. Finalmente, o paradigma sugerido preserva os benefícios da RF. Foram efectuados ensaios em três conjuntos de dados hiperespectrais reais para ilustrar a eficiência da ASSRF.

Uma CNN 3D profunda é utilizada para produzir as amostras de cubos falsos, tendo sido implementada por (Xue (*2020b*)), e outra 3DDRN é utilizada para diferenciar as entradas. Além disso, as amostras produzidas, tanto não rotuladas como rotuladas, foram introduzidas no discriminador para co-treino, e o discriminador de treino pode identificar a legitimidade da amostra e os atributos discretos. Embora as amostras rotuladas sejam restritas, esta técnica de formação adversária generativa semi-supervisionada pode aumentar com êxito o poder de generalização da rede residual profunda. IP, PU e SA são três imagens hiperespectrais amplamente utilizadas para avaliar a capacidade de categorização do método sugerido.

Para resolver o enorme problema da classificação de HSI, (He *et al.* (2020)) desenvolveram uma técnica única de FSS-LAG. O subgrafo, que possui parâmetros livres, propriedades inerentemente invariantes à escala e esparsas, foi criado inicialmente. O gráfico foi depois utilizado para efetuar a previsão de etiquetas. A complexidade computacional total do FSSLAG é O(ndm), o que representa um aumento substancial em relação aos métodos tradicionais baseados em grafos, que adoptam O(ndm) (n3). Ao lidar com enormes conjuntos de dados HSI, a estratégia supera as restrições dos algoritmos SSL convencionais baseados em grafos. O método FSSLAG pode atingir uma eficiência de classificação impecável para HSI de grandes dimensões, de acordo com as observações da investigação.

A ideia de aprendizagem alargada foi incorporada na categorização HSI por (Kong *et al.* (2018)). Para começar, a filtragem de orientação hierárquica foi aplicada ao HSI original para obter o modelo espacial e espectral, a fim de utilizar plenamente a extensa informação espetral e espacial das imagens hiperespectrais. A estrutura de probabilidade de classe foi então incluída no modelo de aprendizagem alargada para criar uma versão alargada semi-supervisionada, permitindo a utilização simultânea de alguns dados rotulados e de numerosas amostras desconhecidas. Finalmente, utilizando a aproximação de regressão de cumeeira, os pesos de ligação da estrutura alargada podem ser simplesmente determinados. A técnica sugerida supera os algoritmos baseados em aprendizagem profunda e os classificadores tradicionais em três conjuntos de dados de imagens hiperespectrais comuns, de acordo com as observações da investigação.

(Liu, Yu, Zhang, Tan, Yu e Xue (2017)) apresentam uma CNN semi-supervisionada para a categorização de HSI. A rede sugerida pode aprender automaticamente características de estruturas de dados de imagens hiperespectrais complicadas. Para construir a rede apropriada para SSL, são inseridas configurações de conexão de salto entre as camadas de decodificador e codificador. Para resolver o problema de poucas amostras rotuladas, é utilizada a técnica semi-supervisionada. Finalmente, a rede é treinada para minimizar a soma das funções de custo supervisionado e não-supervisionado ao mesmo tempo. A rede sugerida é testada utilizando dados de imagens hiperespectrais que são frequentemente utilizados.

(Dongcui *et al.* (2018)) desenvolveu uma abordagem de classificação de imagens semi-hiperespectrais com base em informações geográficas do vizinho mais próximo, algoritmo genético, método espetral e um número limitado de pontos de amostra de etiquetas. O método cria uma nova função de semelhança tendo em conta a informação geográfica dos pontos de amostragem, bem como a informação de classe de um número limitado de pontos de amostragem rotulados. O melhor gráfico é então obtido utilizando a abordagem K-nearest neighbor e o algoritmo genético. A abordagem espetral é utilizada para minimizar a dimensão dos dados com base no gráfico optimizado. A análise de clusters é efectuada utilizando a abordagem do pseudo-vizinho mais próximo da média local na adoção final. Neste trabalho, são apresentadas duas imagens hiperespectrais bem conhecidas. Os conjuntos de dados de Salinas A e do Botswana são postos à prova. Os resultados demonstram que a estratégia sugerida é capaz de atingir uma elevada precisão de classificação.

(Sellars *et al.* (2020)) desenvolveram uma abordagem de superpixel para dados hiperespectrais para criar pequenas manchas significativas numa imagem com uma elevada probabilidade de partilhar a mesma etiqueta de categorização. Utilizam dados espectrais e espaciais extraídos destas áreas para criar uma apresentação de rede ponderada limitada em que cada nó representa uma região em vez de um pixel. Depois disso, o gráfico é enviado para um classificador de gráficos semi-supervisionado, que determina a classificação final. Demonstra que os superpixéis em forma de gráfico são uma ferramenta eficiente para acelerar os classificadores gráficos de imagens hiperespectrais. Demonstram que a nossa técnica sugerida fornece classificações adequadas apenas com uma pequena quantidade de dados rotulados, utilizando resultados quantitativos e qualitativos alargados.

(Zhang, Bai, Zhang, Xiao e Pei (2020)) integram PG-GAN e WGAN-GP para a classificação de HSI. A técnica de formação para a produção de redes adversárias foi melhorada para o PG-GAN. A técnica suaviza o processo de aprendizagem aumentando gradualmente a profundidade da rede e o tamanho da imagem de entrada. A função de perda do WGAN-GP foi melhorada. A abordagem de penalização do gradiente foi utilizada para resolver problemas de gradiente decrescente e gradiente crescente, resultando numa formação mais robusta. O modelo é melhorado com a adição de um classificador baseado na fusão de duas abordagens, para que possa realizar a tarefa de classificação HSI. Foram utilizados dois conjuntos de dados hiperespectrais acessíveis ao público, os conjuntos de dados PU e IP, para testar a abordagem sugerida.

(Zhou, Xue e Du (2019)) desenvolveram um quadro integrado para a classificação de HSI utilizando Semi-SAEs com co-treino. Para começar, duas SAEs são pré-treinadas com base nas características espaciais e hiperespectrais. Em segundo lugar, em alternativa, foi efectuada uma afinação fina para as duas SAEs num modo de co-treino semi-supervisionado, em que o conjunto de treino original é aumentado pela invenção de uma abordagem de expansão de área eficiente. Finalmente, as probabilidades de classificação derivadas das duas SAEs são hibridizadas utilizando um modelo de seleção aleatória de Markov de modo condicional iterado.

(Zhong *et al.* (2019)) desenvolveram um sistema baseado em GAN-CRF que mistura DL semi-supervisionado com um método gráfico probabilístico e fornece três contribuições para o desafio de classificação de imagens hiperespectrais (HSI). Para lidar com a escassez de amostras de treino, criaram GANs semi-supervisionadas rotulando-as e recriando a distribuição de dados HSI reais através de treino contraditório. Em seguida, enriqueceram os mapas de classificação colocando CRFs densos em cima de variáveis aleatórias que foram adoptadas para as previsões softmax dos GANs treinados e condicionadas aos HSIs. Através de uma abordagem teórica de jogo, este modelo SSL utiliza as vantagens dos modelos discriminativos e generativos. Além disso, apesar de empregar apenas um pequeno número de amostras de HSI de treino rotuladas dos dois conjuntos de dados mais complicados e extensivamente investigados, os resultados experimentais revelaram que a arquitetura SS-GAN-CRF obteve a melhor precisão de classificação de HSI, que é um modelo semi-supervisionado.

(Pan *et al.* (2018)) desenvolveram a rede multigrained (MugNet), uma técnica baseada em dados de pequena escala para investigar a aplicabilidade de metodologias de DL na categorização de imagens hiperespectrais. A MugNet pode ser analisada como uma rede DL simplificada que se concentra em um tamanho de amostra limitado usando a categorização de imagens hiperespectrais. Para construir a MugNet, são apresentadas três novas técnicas. Foi utilizada uma estratégia de varrimento multigrau para tirar partido da ligação espetral entre bandas distintas, bem como da correlação espacial entre os pixels circundantes. A técnica de varrimento multigrau sugerida extrai os dados espaciais e espectrais. Em segundo lugar, uma vez que as imagens hiperespectrais incluem um grande número de pixéis não identificados, utilizam plenamente estes dados e geram núcleos de convolução de uma forma semi-supervisionada. Por último, a MugNet foi desenvolvida com base numa rede de base que não contém numerosos hiperparâmetros de sintonização.

2.2 Abordagens não supervisionadas para classificação

(Zhang, Zhang, Du, You e Tao (2019)) utilizaram a factorização robusta da matriz manifold para criar um sistema de classificação não supervisionado de imagens hiperespectrais. Para lidar com os recursos de alta dimensão da imagem hiperespectral, eles desenvolveram uma fatoração de matriz de baixo grau integrada e agrupamento de dados ao mesmo tempo, permitindo que o resultado do agrupamento seja replicado com precisão, o que é dramaticamente melhor do que os algoritmos existentes. A norma 2,1 é utilizada para avaliar a perda de reconstrução na factorização matricial recomendada, o que ajuda a diminuir os erros causados por observações potencialmente ruidosas. Para melhorar ainda mais o modelo sugerido, é utilizada a regularização manifold geralmente reconhecida. Também conceberam um método para lidar com dados de deteção remota em grande escala de HS, bem como um método ALM para descobrir as soluções óptimas locais para o optimizador desenvolvido.

Para a categorização espetral-espacial de dados hiperespectrais, (Ghanbari *et al.* (2018)) apresentou uma técnica eficaz baseada na combinação de MRF e GMM. O GMM foi empregado como um classificador de pixel nesta estratégia. O MRF foi utilizado para extrair informações espaciais em paralelo. O valor de realçar a informação extra dos objectos da imagem foi uma das principais motivações para a análise da regularização MRF neste documento. Estes dados permitem a inclusão de atributos de forma, bem como de ligações de vizinhança. Como resultado, uma nova função fuzzy baseada em segmentação foi criada e incluída no modelo MRF. A eficiência do método sugerido foi avaliada em ambas as situações, com e sem o mapa de segmentação.

Com base na técnica SSKNN, (Bo *et al.* (2018)) desenvolveram uma estrutura de categorização única. Para a classificação HSI, eles sugeriram a abordagem KNN padrão expandida de forma colaborativa espetral-espacial. Em segundo lugar, na arquitetura KNN, uma distância ponto a ponto é usada como a distância fundamental, usando eficientemente a vasta informação espetral-espacial entre os pixels próximos. Em terceiro lugar, foi criada uma abordagem SSKNN através da integração do método ponderado SSKNN e da distância ponto-a-ponto para categorizar corretamente os pixels HSI. Os autores comparam a técnica sugerida com numerosos métodos de classificação HSI clássicos e modernos, utilizando vários conjuntos de dados de classificação HSI (incluindo o PU e o AVIRIS1 IP).

Para lidar eficazmente com o desafio da agregação de HSI em grande escala, (Wang, Nie e Yu (2017)) sugeriram uma técnica denominada FSCAG. Na construção do gráfico de ancoragem, examinaram as características espectrais e espaciais do HSI. O método FSCAG sugerido constrói primeiro um gráfico de âncora e, em seguida, realiza a análise espetral sobre ele. Isto reduz a complexidade computacional para O(ndm), uma redução importante em relação aos algoritmos tradicionais de agrupamento baseados em grafos, que requerem O(n^2 d), em que m,d e n são as âncoras, as características e o número de amostras, respetivamente.

Para a categorização de imagens hiperespectrais em grande escala sem qualquer conhecimento prévio, (Zhao, Yuan e Wang (2019)) propuseram um algoritmo de agrupamento espetral melhorado. Para gerar a matriz de afinidade, a abordagem dada usa um gráfico baseado em âncora e extensão Nystrom. Eles também demonstraram o uso da otimização da atualização multiplicativa para resolver o problema de decomposição de valores próprios. Para demonstrar a eficiência e a eficácia da técnica sugerida, foram efectuadas experiências com conjuntos de dados de imagens hiperespectrais e sintéticas.

(Xie *et al.* (2018)) apresentaram um agrupamento HSI não supervisionado baseado na abordagem da densidade de pixéis. Criaram uma densidade de píxeis locais como saída para a métrica de densidade, que define a largura de banda com base no pressuposto gaussiano, e utilizaram os valores dos píxeis como entrada. Para obter uma distância espetral ao nível do píxel, calcularam a distância euclidiana entre os vectores de píxeis de várias bandas utilizando a métrica da distância. Na técnica sugerida, 1) o ajuste da curva dos dois resultados é efectuado utilizando o método dos mínimos quadrados; 2) os valores anómalos são eliminados utilizando o método Pauta; 3) foi utilizado o cálculo de regressão, e 4) foram determinados os centros dos clusters. Por iteração, os restantes pontos sem centro de cluster são agrupados com base na sua semelhança com o núcleo do cluster.

(Lin *et al.* (2017)) demonstraram como aprender uma representação a partir de dados exclusivamente não rotulados usando um modelo não supervisionado denominado MARTA GANs. Os MARTA GANs são compostos por dois modelos: gerador e discriminador. Consideraram D como um extrator de características. Utilizaram uma camada híbrida para combinar as características globais e de nível médio, a fim de corresponder aos aspectos complexos dos dados de teledeteção. G pode gerar várias imagens comparáveis aos dados de treino; consequentemente, D pode desenvolver representações mais exactas de imagens de deteção remota utilizando os dados de treino de G. Os resultados da classificação em dois conjuntos de dados de imagens de deteção remota comummente utilizados demonstram que a técnica sugerida supera substancialmente os métodos existentes.

Usando a estrutura profunda, (Chatterjee *et al.* (2020)) implementaram uma técnica de aprendizagem não supervisionada para agrupar imagens SAR polarimétricas híbridas e duplamente polarizadas. Eles treinaram o modelo VGG16 com normalização em lote usando pequenos patches produzidos a partir de imagens SAR polarimétricas híbridas e empregaram camadas de extração de recursos do modelo VGG16 com normalização em lote. Para o treino, utilizaram uma função de perda baseada na entropia e Adam, um método de otimização da taxa de aprendizagem adaptativa. As manchas são divididas em três grupos com base nas suas características de dispersão SAR: superfície, volume e duplo salto. Também dividiram o volume em áreas de floresta densa e campos de produtos agrícolas. Também observaram classes mistas de volume e duplo salto, principalmente em povoações rodeadas por árvores de grande porte. Também utilizaram a aprendizagem por transferência para criar etiquetas para imagens duplamente polarizadas, utilizando os pesos obtidos de um modelo de imagem polarizada híbrida.

Na classificação HSI para resolver o desafio da redução da dimensionalidade, (Xie, Li, Lei, Yang e Zhang (2019)) desenvolveram a abordagem de seleção de bandas ISD-ABC. Com a ajuda do ISD e da entropia máxima, o método da colónia de abelhas artificial foi utilizado para melhorar a combinação das bandas escolhidas (ME). Para a classificação HSI, um SVM com validação cruzada de cinco vezes é usado com o subconjunto de bandas especificado. As experiências no conjunto de dados ROSIS e em dois conjuntos de dados AVIRIS (IP e SA) são utilizadas para avaliar a eficiência da técnica sugerida (Universidade de Pavia). Os resultados da categorização são avaliados utilizando três índices: exatidão global (OA), coeficiente kappa (KC) e exatidão média (AA).

(Xie, Li, Lei, Yang e Zhang (2019)) apresentaram uma abordagem não supervisionada para a seleção de características com base na decomposição do subespaço de características e na otimização da combinação de características para reduzir as características duplicadas de HSI. O método fuzzy c-means (FCM) foi utilizado para decompor os subconjuntos de características. O algoritmo GWO e o conceito ME foram utilizados para determinar a melhor seleção de características. Foram efectuadas experiências em três conjuntos de dados hiperespectrais bem conhecidos, IP, PU e SA, para avaliar a técnica sugerida. A técnica sugerida foi comparada com seis técnicas de seleção de características existentes.

(Sun e Bourennane (2020)) introduziram um extrator de características não supervisionado baseado na aprendizagem por transferência e num WGAN-GP melhorado. Além disso, o método é apresentado em três dimensões (3D) para tirar o máximo partido da informação contida nos dados hiperespectrais, tendo em conta as características espectrais e espaciais dos HSIs. O discriminador bem treinado no WGAN-GP é utilizado como uma extração de características para aprender características espaciais e espectrais sem a necessidade de dados rotulados. Além disso, para apoiar a otimização do WGAN-GP, apresentaram uma abordagem única de redução da dimensionalidade (DR) baseada em 11 convoluções para obter um conjunto de dados de referência de dimensão inferior.

(Tu *et al.* (2020)) desenvolveram uma técnica de classificação de HSI baseada na combinação de características duplas não supervisionadas. Sugeriram a análise de componentes principais (PCA) nos dados HSI para minimizar as suas dimensões e produzir o primeiro conjunto de características não supervisionadas. Em seguida, obtiveram o segundo conjunto de características não supervisionadas utilizando a abordagem de aprendizagem autodidata, que era capaz de aprender características discriminatórias adicionais utilizando a informação incluída em amostras não rotuladas dentro do mesmo HSI. Em seguida, fundiram características de aprendizagem não supervisionada linearmente duplas utilizando a abordagem de análise canónica de correlação (CCA). Por fim, demonstraram a eficácia da abordagem sugerida avaliando os objectivos utilizando um classificador de máquina de aprendizagem extrema (ELM). As experiências efectuadas com três conjuntos de dados HSI do mundo real revelaram que, mesmo com um número reduzido de amostras de treino, o desempenho da classificação era bastante excelente.

(Wang, Li e Cheng (2020)) sugeriram que o UHDAC empregasse o CycleGan para extrair características transferíveis na ausência de dados análogos. Foi utilizado um mapeamento bidirecional que conduziu ao alinhamento da distribuição das características. A função de perda CORAL, por outro lado, foi desenvolvida para reduzir a distância entre as diferenças estatísticas de segunda ordem entre as características do domínio de origem e de destino. Assim, pode resolver o constrangimento insuficiente das relações de mapeamento. As simulações em três conjuntos de dados revelaram uma elevada taxa de precisão.

A técnica proposta começou com a segmentação, que emprega uma versão modificada do algoritmo SLIC para dados hiperespectrais. Como resultado, (Santiago *et al.* (2020)) sugeriram os algoritmos HAC e FCM para agrupar eficazmente superpixéis comparáveis com base nas suas distâncias entre si. A utilização distinta destas abordagens de agrupamento proporciona um segundo passo para ultrapassar a sobreposição de classes durante a criação de fotografias. Finalmente, a imagem calculada é utilizada para treinar um classificador CNN para prever classes em conjuntos de dados desconhecidos, pixel a pixel.

(Sellami *et al.* (2020)) apresentou uma abordagem de seleção de bandas não supervisionada que gera automaticamente uma coleção de grupos Ck que incluem bandas espectrais comparáveis. As características espaciais e de aspeto são extraídas das bandas seleccionadas para aumentar a taxa de classificação. Cada grupo tem o seu próprio modelo CNN 3-D, que é posteriormente fundido para aumentar a precisão da classificação. Ao selecionar autonomamente bandas espectrais importantes, a técnica sugerida mantém as propriedades espetro-espaciais iniciais e, por conseguinte, melhora a categorização de HSI. A técnica sugerida é testada em duas HSIs genuínas, Indian Pines e Salinas.

(Xu *et al.* (2020)) apresentou uma formulação LRSC que combinava o modelo de subespaço de baixa classificação amplamente utilizado para imagens hiperespectrais. Baseava-se na segmentação de superpixéis. A formulação do superpixel permitiu que a regularização do hipergrafo incorporasse ligações que eram espacialmente e espectralmente relevantes, permitindo que a técnica SPHG-LRSC resultante capturasse estruturas múltiplas mais complicadas do que os gráficos básicos de dois pixels.

(Beirami e Mokhtarzade (2020)) introduziram uma abordagem automatizada e não supervisionada de seleção de bandas para redução da dimensionalidade em imagens hiperespectrais. O princípio fundamental do método sugerido consiste em atribuir características estatísticas específicas a cada banda e depois agrupá-las adequadamente. Em cada grupo, foi mantida uma banda representativa, enquanto as outras foram consideradas redundantes. As bandas geradas foram utilizadas na classificação K-NN para avaliar o desempenho da técnica recomendada, e os resultados foram avaliados em termos de exatidão global e coeficientes kappa para as amostras de teste.

(Kong *et al.* (2019)) sugeriu uma UBL para agrupamento de HSI. Para lidar com a estrutura de coletor fundamental do HSI de origem, um SAE regularizado por gráfico foi aplicado à entrada e ao recurso mapeado do UBL. A função objetivo da UBL é então desenvolvida, que consiste numa norma l2 dos pesos da camada de saída e numa regularização gráfica, e pode ser simplesmente resolvida seleccionando vectores próprios que correspondam ao menor número de valores próprios. Finalmente, foi aplicado o agrupamento espetral à saída da UBL, podendo ser produzidos os resultados do agrupamento HSI. A validação em três conjuntos de dados HSI reais significativos mostrou que a UBL supera várias abordagens concorrentes em termos de desempenho de agrupamento.

(Chen e Huang (2019)) utilizaram algoritmos profundos de aprendizagem não supervisionada de características para o agrupamento de imagens, como o autoencoder (AE). Cada modelo, por outro lado, tem seus pontos fortes e benefícios quando se trata de agrupamento de imagens. Como resultado, criam um modelo híbrido de autoencoder (BAE) para a agregação de imagens, combinando três modelos baseados em AE: SAE, AAE e CAE. Os conjuntos de dados CIFAR-10 e MNIST foram utilizados para validar os resultados dos modelos sugeridos e compará-los com os de outros. Os critérios de agrupamento mostraram que os modelos sugeridos têm um melhor desempenho na experiência numérica do que os outros.

(Xu, Zhang, Du e Zhang (2018)) empregaram um SSUN de ponta a ponta para categorização de imagens hiperespectrais. Ao contrário das estruturas de classificação espaço-espetral existentes, sua abordagem integra a extração de recursos espectrais, a extração de recursos espaciais e o treinamento do classificador em uma única rede. Assim, a extração de características e o treino do classificador têm a mesma função objetivo e todos os parâmetros da rede podem ser ajustados simultaneamente. Os extractores de características espectrais e espaciais da SSUN foram sugeridos como redes neurais convolucionais convolucionais multiescala e LSTM baseadas em agrupamento de bandas, respetivamente. Foram utilizadas três HSIs de referência para avaliar a técnica apresentada.

(Gao *et al.* (2018)) usam a entropia de Boltzmann (BE), que incorpora informações configuracionais e composicionais. A diferença de BE entre as duas bandas foi utilizada para quantificar essa diferença. Para a seleção de bandas, foi criada a estratégia de busca apropriada. A categorização das fotografias de deteção remota foi utilizada na avaliação experimental.

Uma excelente abordagem de extração de características utilizando redes não supervisionadas é apresentada por (Xie, Yang, Lei, Li, Du e He (2019)). Esta nova técnica, denominada SRUN, aplica regularização aos modelos variacionais AE e autoencoder para destacar a consistência espetral, que é melhor para definir HSIs por nós ocultos. Em seguida, eles usaram uma técnica simples de seleção de recursos nos nós ocultos de código mais profundo para identificar certos nós que possuem capacidade de distinção entre fundo e alvo. Os nós escolhidos são então ponderados de forma adaptativa para produzir um mapa discriminativo baseado nas suas taxas de contribuição para a deteção de alvos. O método de identificação de alvos baseado em SRUN sugerido funciona bem para alvos de subpixel e alvos com informação estrutural.

(Zhang *et al.* (2017)) sugeriram uma técnica de aprendizagem de características não supervisionada baseada numa rede de autoencoder recursivo (RAE) para a classificação de HIS. A RAE extrai características de alto nível dos dados de origem, combinando informações espaciais e espectrais. Para representar toda a região local homogénea da imagem, extrai atributos da vizinhança do pixel investigado. Além disso, é utilizada uma técnica de ponderação baseada em pixels próximos para gerar uma representação mais precisa do pixel examinado, com os pesos definidos pela semelhança espetral entre os pixels vizinhos e o pixel analisado.

(Mou *et al.* (2017b*)*) apresentou uma arquitetura de rede profunda Conv-Deconv para imagens hiperespectrais que pode ser treinada de ponta a ponta. A rede é construída no modelo codificador-decodificador, no qual o patch hiperespectral 3-D de entrada é primeiro convertido em um espaço geralmente de menor dimensão usando uma sub-rede convolucional (codificador) e, em seguida, ampliado para replicar os dados originais usando uma sub-rede deconvolucional (decodificador). No entanto, descobriram ao longo da experiência que uma rede deste tipo é difícil de otimizar.

(Hao *et al.* (2018)) apresentou uma DNN para uma classificação HSI baseada em SR com perda por classe (SRCL). O primeiro passo foi usar um SRCNN de três camadas para reconstruir uma imagem de alta resolução a partir de uma imagem de baixa resolução. Em seguida, para incentivar a semelhança intraclasse e a dissemelhança interclasse, é construída uma TCNN não supervisionada com melhor perda por classe. Finalmente, o TCNN, o SRCNN e um módulo de classificação são combinados para definir o SRCL.

(Ghorbanian e Mohammadzadeh (2018)) apresentaram um BCC para a classificação de HSI. O BCC explora a correlação das bandas para extrair novos recursos, o que significa que leva menos tempo para processar do que outras técnicas de extração de recursos. O BCC é capaz de evitar o peso da complexidade devido à sua simplicidade computacional e menor consumo de tempo. A BCC supera outras técnicas de extração de características não supervisionadas bem conhecidas, como a ICA, a MNF e a PCA, em termos de precisão total e média das classes. Além disso, o BCC superou duas abordagens de extração de características supervisionadas, GDA e CBFE, em termos de precisão de classificação sem a utilização de amostras de treino. É possível determinar que o BCC teve o melhor desempenho do que as outras técnicas de extração de características acima mencionadas com base em quatro critérios: coeficiente kappa, precisão média das classes, consumo de tempo e precisão total.

(Zhao *et al.* (2018)), é proposta neste artigo uma nova classificação HSI multicamada baseada em SVM espetral-espacial, SSMLL. Em vez de empregar procedimentos de regularização de pós-processamento não supervisionados baseados em MRF ou GC para modificar o resultado do SVM baseado em espetro, o SSMLL proposto emprega uma estrutura multicamada que emprega SVM supervisionado baseado em espaço para alterar o resultado do SVM baseado em espetro da primeira camada. Além disso, para extrair o contexto, são utilizadas duas metodologias distintas: vizinho mais próximo (SSMLL-NN) e janela quadrada (SSMLL-WIN).

(Xu, Li, Liu e Xiao (2018)) apresentaram um método ELM para agrupamento de HSI. Usando um método de filtragem de propagação consciente do contexto, um mecanismo local de integração e remodelação do contexto espetral-espacial é incorporado na representação de recursos da camada oculta e, em seguida, tanto a regularização discriminatória global quanto a regularização do coletor local são consolidadas em uma estrutura ELM não supervisionada para aprender uma representação de dados eficiente. A vantagem mais significativa da técnica sugerida é o facto de utilizar eficazmente a informação contextual espacial da HIS através de um procedimento de filtragem de propagação; além disso, ao tirar partido do coletor local e da informação global através da regularização discriminativa, a representação de dados aprendida pode captar a estrutura intrínseca.

RESUMO

Neste capítulo, são explorados vários algoritmos de categorização de imagens hiperespectrais com base em investigações anteriores. Esta parte descreveu os métodos de classificação actuais, com destaque para as abordagens espectrais e espaciais, e forneceu algumas sugestões e recomendações para o desenvolvimento de esquemas de classificação eficientes, que é o principal objetivo deste estudo. O capítulo seguinte discute diferentes estratégias para ultrapassar as limitações dos actuais algoritmos de categorização.

Capítulo 3

DALF: UMA ESTRUTURA ADVERSARIAL ACTIVADA POR IA PARA A CLASSIFICAÇÃO DE IMAGENS HIPERESPECTRAIS

3.1 Introdução

As imagens de teledeteção hiperespectral com grande resolução espetral e espacial só recentemente se tornaram mais acessíveis. As imagens hiperespectrais oferecem uma gama abrangente de utilizações militares devido ao seu elevado poder de resolução nos domínios ambiental (Zhan *et al.* (2017)), dos espectros finos (Zhu *et al.* (2018)), mineiro (He *et al.* (2017)) e médico (Jiang *et al.* (2020)). Os espectrómetros de imagem posicionados em vários locais são utilizados para adquirir imagens hiperespectrais. Durante a década de 1980, foi criado o espetro de imagem. É utilizado para obter imagens de ondas electromagnéticas nas gamas do infravermelho médio, do ultravioleta, do infravermelho próximo e do visível. Uma vez que o espetrómetro de imagem pode obter imagens em muitas bandas sucessivas e também muito estreitas, cada pixel numa determinada gama de comprimentos de onda pode obter um espetro totalmente refletor ou de emissão. Como resultado, as imagens hiperespectrais apresentam uma excelente resolução espetral, um grande número de bandas e mais informação. A redução do ruído (Liu *et al.* (2020)), a redução da dimensionalidade, a correção de imagem (Zhong *et al.* (2019)), a classificação (Xue (*2020a*)) e a transformação (Xue (*2020b*)) são as abordagens mais utilizadas no processamento de imagens hiperespectrais de deteção remota. As imagens hiperespectrais, em contraste com as imagens regulares, contêm uma grande quantidade de informação espetral, que pode ajudar na categorização da imagem, indicando a composição química e a estrutura física do objeto de interesse. A área de investigação mais ativa na área hiperespectral é a categorização de imagens hiperespectrais (Paoletti *et al.* (2019)).

O objetivo da classificação digital de imagens RS é detetar e extrair dados de características ligadas aos dados da imagem, reconhecendo e avaliando dados sobre a superfície da terra e arredores nas imagens. Na área da deteção remota, a categorização computacional de imagens RS é uma utilização especializada da tecnologia de reconhecimento automático de padrões (Paulus e Mahlein (2020)). Além disso, quando a tecnologia de imagem hiperespectral melhorar, os dados obtidos pelos HSIs tornar-se-ão mais extensos e profundos. Por um lado, a resolução irá melhorar, mas a resolução espetral irá melhorar drasticamente (Yi *et al.* (2019)). A quantidade de informação incluída nas imagens hiperespectrais aumentará à medida que os geradores de imagens hiperespectrais avançam, e a gama de aplicações para imagens hiperespectrais expandir-se-á. A utilização de diversas circunstâncias e o crescente volume de dados também elevaram a fasquia das tecnologias de observação de superfícies por deteção remota hiperespectral. A quantidade de bandas de imagem em imagens hiperespectrais é maior do que em imagens multiespectrais, e o envolvimento na resolução de coisas é mais forte, o que implica que quanto mais profunda for a resolução espetral, melhor será a capacidade de resolver objectos (Pande *et al.* (2019)).

É viável detetar pequenas mudanças de espetro em HSI, tornando-o útil para uma variedade de aplicações do mundo real, como estimativa de LAI de culturas, mapeamento mineral, fusão de imagens, estimativa de salinidade do solo e não mistura esparsa no domínio espacial, para citar um ou mais.A classificação de imagens hiperespectrais é um exemplo de uma aplicação comumente usada (Zhan *et al.* (2017), Zhu *et al.* (2018), He *et al.* (2017), Zhong *et al.* (2019),

Xue (*2020a*)).De acordo com estudos recentes, como (Xue (*2020b*), Wang, Gao, Dong e Du (2020), Xue (*2020b*)), a categorização HSI é um tópico de estudo muito importante que chamou a atenção da comunidade de sensoriamento remoto. A cada pixel no sistema de categorização HSI é atribuída uma classe com base nas suas qualidades espectrais. A natureza das imagens HSI é o facto de serem tridimensionais. A dificuldade de categorizar as imagens HSI é agravada pela maldição da dimensionalidade, pela falta de imagens de treino e pela significativa variabilidade geográfica. A incapacidade de generalização dos sistemas de classificação é complicada pelas dificuldades em obter um número suficiente de amostras de treino. Os factores associados a variações nas circunstâncias temporais, atmosféricas, ambientais e de iluminação produzem uma enorme variabilidade espacial (Miyato *et al.* (2018) ,Wang, Vinson, Holmes, Seibel, Bechar, Nof e Tao (2019),Hwang *et al.* (2019),Deeckc *et al.* (2018),Zhang, Yang, Zhao, Ni, Lian, Chen e Li (2020)).

De acordo com a literatura, foram utilizados algoritmos de aprendizagem automática e de DL para classificar a HSI. Algoritmos baseados em aprendizado de SSL são amplamente utilizados para essa atividade (He *et al.* (2017), Zhan *et al.* (2017), Jiang, Li, Gao, Li, Meng, Yue e Zhang (2019),Xue (*2020b*), Lin *et al.* (2017), Jiang, Li, Gao, Li, Meng, Yue e Zhang (2019),Lei *et al.* (2020), Rajinikanth e Lincon (2019)), pois permitem a utilização de amostras de treinamento existentes. Os métodos convolucionais baseados em DL são utilizados em (Xue (*2020b*), Cao *et al.* (2018), Almezhghwi e Serte (2020)). Para lidar com a escassez de instâncias de treino, a maioria dos algoritmos de classificação de HSI utilizou modelos de redes adversariais generativas (GAN) em vez de modelos de redes neurais convolucionais (CNN). Um método GAN típico é composto por um discriminador e um gerador que participam num jogo não cooperativo para maximizar a fiabilidade num objetivo de HSI. As redes adversariais generativas são normalmente utilizadas na investigação sobre classificação de IES. Embora (Zhan *et al.* (2017),Zhu *et al.* (2018), He *et al.* (2017),Jiang *et al.* (2020),Liu *et al.* (2020)) empreguem discriminadores únicos, (Gao *et al.* (2019)) utiliza uma GAN com vários discriminadores para examinar o impacto de cada discriminador nos resultados da classificação. O método GAN surgiu em vários sabores. Incluem o modelo baseado em campos aleatórios de Markov (MRFs) (Cao *et al.* (2018)), o modelo condicional em cascata (Liu *et al.* (2020)), modelo adaptativo melhorado de drop-back (Wang, Gao, Dong e Du (2020)), modelo baseado na conetividade da rede funcional (FNC) (Zhao, Huang, Zhi, Yan, Ma, Yang, Li, Ke, Jiang, Calhoun *et al.* (2020)) e modelo baseado em campos aleatórios condicionais (CRFs) (Zhong *et al.* (2019)). Embora várias abordagens GAN não empregassem explicitamente um classificador, determinámos que a utilização do módulo do classificador GAN e a alimentação de ruído aleatório e de um rótulo de classe ao gerador poderiam aumentar a eficácia do classificador (Audebert *et al.* (2018)).

Vale a pena notar que a aprendizagem profunda (Radford *et al.* (2015)) oferece capacidades impressionantes de processamento de imagens. A categorização de imagens, a identificação de alvos e outros domínios provocaram uma onda de aprendizado profundo nos últimos anos. CNN, DBN e RNN são alguns dos métodos de rede DL que foram empregados no processamento de imagens de sensoriamento remoto. Além disso, é proposta nesta investigação uma arquitetura denominada Deep Adversarial Learning Framework (DALF) para a categorização de HSI com base na estrutura GAN.

3.2 Preliminares

3.2.1 Arquitecturas GAN

Na perspetiva da teoria dos jogos, a arquitetura básica de uma GAN Figura 3.1 inclui duas redes neuronais separadas que actuam como oponentes uma da outra (Goodfellow *et al.* (2016)). As actividades das duas ou mais redes são geridas por um jogo com uma função de compensação elevada. Cada rede neural está a tentar encontrar uma forma de obter o maior pagamento possível. O Gerador e o Discriminador são duas redes neuronais separadas dentro da arquitetura. O discriminador e o gerador são discutidos mais detalhadamente nas subcategorias a seguir.

3.2.1.1 Gerador

O modelo chave que estamos curiosos em aprender é o gerador G. É o procedimento para produzir amostras que se assemelham às da distribuição de treino autêntica. A descida de gradiente pode ser usada para aprender os parâmetros da função geradora, que é uma função diferenciável. É geralmente representada como uma rede deconv profunda, mas qualquer modelo com a propriedade variacional pode, teoricamente, ser utilizado (Goodfellow *et al.* (2016)). Estas são as representações formais das redes de geradores;

$$x = G(z; \theta^{(G)}) \tag{3.1}$$

O vetor z contém o código latente na Equação 3.1, enquanto o inteiro observável x é gerado pelo gerador. Quase todos os membros de x dependem de cada membro de z. É também fundamental que x exceda z. Assim, evita-se que o gerador seja forçado a construir um coletor de baixa dimensão dentro da área de x.

3.2.1.2 Discriminador

Quando o gerador tiver sido eficaz na produção de dados realistas, o discriminador D deixa de ser necessário. O papel principal do discriminador é examinar uma amostra e determinar se ela é genuína ou não. O discriminador, tal como o gerador, é qualquer função diferenciável com parâmetros que podem ser aprendidos através de descida gradiente. A Deep CNN é geralmente representada (Hu *et al.* (2015)Zeiler e Fergus 2014). O objetivo do discriminador é produzir imagens com avaliações iniciais do conjunto de treino próximas de 1 e imagens com avaliações do valor do gerador próximas de 0.

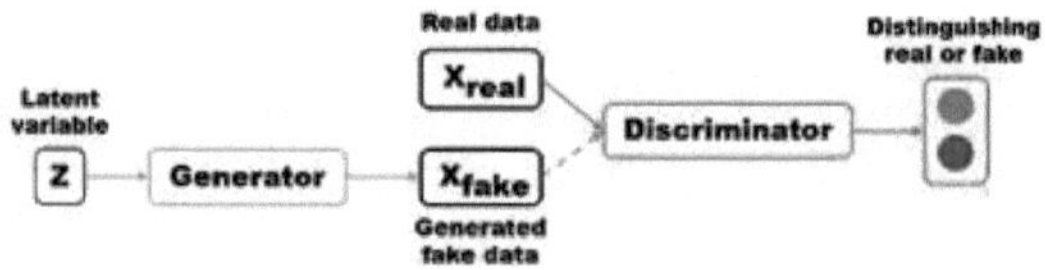

Fig. 3.1 Rede Adversária Generativa

3.2.2 Arquitetura do autoencoder profundo (DAE)

Um método não supervisionado que treina para recriar a entrada é um autoencoder típico (Figura 3.2) (Hinton e Zemel (1993)). Os métodos DL são adequados para conhecer diferentes características hierárquicas não lineares, que são reconhecidas como apresentações superiores para dados autênticos numa variedade de áreas, incluindo a visão por computador e o reconhecimento da fala. A camada de descodificação, a camada de codificação e a camada oculta constituem a estrutura geral do autoencoder. A saída da camada do codificador é a entrada da camada oculta e a saída da camada oculta é a entrada da camada do descodificador. O codificador e o descodificador com arquitetura simétrica formam a função do autoencodificador para mapear a informação $Rd \rightarrow Rd.$ Com a sequência de entrada x e a sequência de saída y, a camada de codificação parametrizada por $\theta = \{\, W, b\,\}$ é:

$$y = f_\theta(x) = \sigma(W \times x + b) \qquad (3.2)$$

Enquanto $O(x) = \max(0, x)$ é a função de ativação, Relu, da camada de codificação. Ao diferenciar para Sigmoide, Em geral, Relu pode reduzir a necessidade de pré-treinamento e acelerar o processo. Os algoritmos de aprendizagem profunda estão a convergir para resultados mais discriminativos, apesar de manterem a rede esparsa. (Lecun et al. 1998; Huang et al. 2017). As camadas de descodificação e a função reconstruída da camada oculta são as seguintes

$$z = f_{\theta'}(y) = \sigma(W' \times y + b') \qquad (3.3)$$

O principal objetivo do codificador automático é reduzir a seguinte função: garantir que a camada de entrada pode ser reconstruída pela camada oculta

$$\theta, \theta' = min_{\theta,\theta'} \sum_{i=1}^{d} L(x_i, z_i) \qquad (3.4)$$

3.3 Metodologia

3.3.1 Quadro de aprendizagem adversarial profunda

3.3.1.1 O quadro

A Estrutura de Aprendizagem Adversária Profunda (DALF) é uma estrutura baseada em DL que propusemos. A arquitetura da Rede Adversária Generativa é utilizada na estrutura. A arquitetura da Rede Adversária Generativa tem sido amplamente utilizada em várias aplicações de visão computacional desde

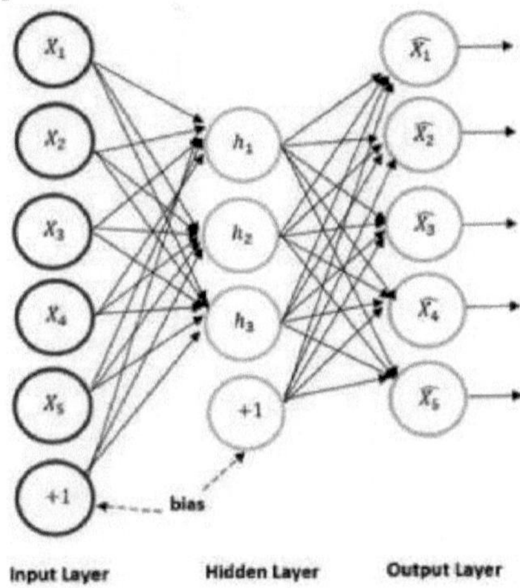

Fig. 3.2 Arquitetura do codificador automático profundo

foi introduzido pela primeira vez em (Goodfellow *et al.* (2014)). A lógica é produzir novos espécimes para aumentar o espaço de entrada do sistema. A distribuição alvo na maioria dos modelos GAN conhecidos é restrita a alguns pontos de amostragem. Nesta pesquisa, empregamos a CNN como gerador, e ela fornece pontos de dados que estão conectados à distribuição subjacente. Para estimar a distribuição, o gerador é aprendido a aplicar uma função de objetivo contraditória. Esta função é obtida através da ativação da rede discriminadora. Para aumentar o desempenho na classificação HSI, tanto o discriminador como o gerador formam um jogo não cooperativo. O gerador aprende a gerar instâncias avançadas, enquanto o discriminador aprende a determinar se uma instância é de uma distribuição falsa ou verdadeira. A Rede Adversária Generativa proposta inclui adicionalmente um modelo de classificador que usa dados de espetro de treinamento (com rótulo de classe) para categorizar instâncias de HSI. O objetivo da GAN é resolver o problema max-min representado na Equação 3.5 em geral.

$$\min_{G} \max_{D} V(D, G) = E_{X \sim p(x)}\left[log\left(D\left(X\right)\right)\right] + E_{X \sim p(z)}\left[log\left(1 - D(G\left(z\right))\right)\right] \tag{3.5}$$

Os componentes do gerador e do discriminador são designados por G e D, respetivamente. G(z) representa os dados falsos, enquanto z representa a entrada de ruído aleatório. O objetivo deD é maximizar log(D(x)), enquanto o objetivo de G é reduzir log(1-D(G(z)). E representa o operador de expetativa. A Figura 3.3 mostra o quadro proposto para a classificação HSI.
O ruído, bem como as etiquetas de classe actuais, são fornecidos ao gerador. É suposto que G forneça ocorrências de falsos espectros designados por G(z). O classificador é um algoritmo ML que utiliza espectros reais rotulados para classificar amostras de espectros, como a Máquina de Vectores de Suporte (SVM). A função de objetivo do GAN sugerido está dividida em duas secções, como se mostra na Equação 3.6

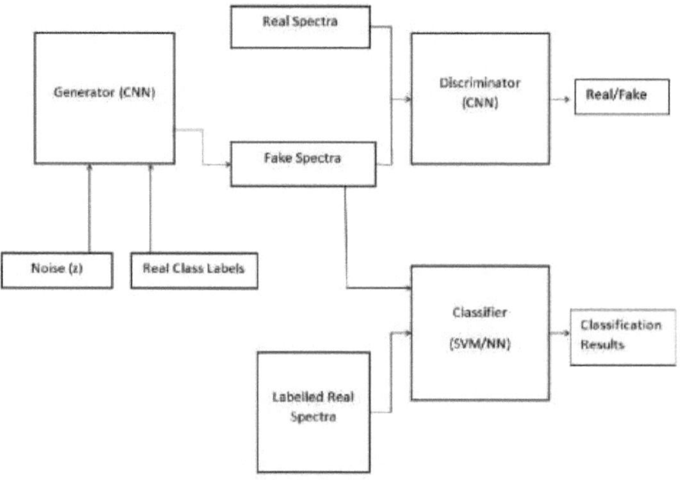

Fig. 3.3 Estrutura da arquitetura GAN proposta

e a Equação 3.7.

$$L_s = E[logP(s = real|X_{real})] + E[logP(s = fake|X_{fake})] \tag{3.6}$$

$$L_c = E[logP(c = real|c_{real})] + E[logP(c = fake|c_{fake})] \tag{3.7}$$

Em que Ls representa a probabilidade de uma fonte de entrada correcta e Lc representa a probabilidade de rótulos de classe correctos. A otimização de D e a otimização de G são conseguidas através da maximização de Ls+Lc e Ls+Lc, respetivamente. Tanto o gerador como o discriminador são implementados utilizando a CNN. O gerador produz dados de espectros falsos com base no ruído de entrada e nas etiquetas de classe. O discriminador recebe espectros falsos e espectros reais como entrada (ambos sem rótulo) e discrimina as amostras reais das falsas. O classificador toma como entrada espectros falsos e espectros rotulados e produz resultados de classificação.

3.3.2 Algoritmo proposto

A funcionalidade do quadro proposto é orientada por um algoritmo designado por Abordagem Híbrida Baseada em Modelos Generativos para Classificação HSI (GMHA-HSIC). A síntese e a rotulagem de espectros numa base regular são fundamentais para a eficácia da classificação incorrecta do DALF. As amostras sintéticas criadas através de um procedimento iterativo e confirmadas com um discriminador produzem espectros relevantes. A estrutura melhora o desempenho da classificação ao treinar o GAN com modelos de aprendizagem profunda.

Algoritmo: Abordagem híbrida baseada em modelos generativos para a classificação de HSI

Entrada: Ruído z, etiquetas de classe reais C, espectros reais não etiquetados X1, espectros reais etiquetados X2 **Saída:** Resultados da classificação HSI R

Para cada amostra de ruído s em z

O gerador aprende/aprende utilizando o modelo CNN e o feedback do gerador fakeSpectra ^ GenerateFakeSpectra(G,C,s)

O discriminador recebe espectros falsos

O discriminador recebe X1

O discriminador aprende utilizando o modelo CNN

(Real/Fake)^ Discriminação^, fakeSpectra, X1)

O discriminador envia feedback ao gerador

R ^ Classify(fakeSpectra, X2) //utilizando SVM ou NN

Ls ^ Calcular Ls utilizando a Equação 3.6

Lc ^ Calcular Lc utilizando a Equação 3.7

Otimizar o gerador para maximizar $Ls - Lc$

Otimizar o Discriminador para maximizar $Ls + Lc$

Retorno R. Fim para

Utiliza o modelo de rede adversária generativa proposto para obter resultados de classificação HSI utilizando ruído z, etiquetas de classe C verdadeiras, espectros verdadeiros não etiquetados X1 e espectros verdadeiramente etiquetados X2. Para cada amostra de ruído representada por z. De forma iterativa, o discriminador utiliza um modelo CNN para compreender e produzir dados de espectros falsos utilizando uma instância de ruído e a entrada são etiquetas de classe. Quando são gerados dados falsos, estes são combinados com amostras de espectros genuínos não rotulados pelo discriminador, a fim de categorizar as amostras como verdadeiras ou falsas. Para o efeito, o discriminador utiliza o modelo CNN. Como resultado, o discriminador fornece informações ao gerador, o que é fundamental no jogo não cooperativo necessário para a execução de um projeto de rede adversária generativa. O discriminador adquire conhecimentos adicionais e gera amostras falsas mais óptimas quando é aplicado o feedback especificado. Ls e Lc são calculados para cada iteração, a fim de otimizar G e D para um melhor desempenho. SVM ou NN são os classificadores utilizados e foram concebidos para produzir um desempenho de classificação utilizando instâncias falsas e espectros reais rotulados.

3.3.3 Afinação do parâmetro para NN e SVM

Os parâmetros de treino C e o kernel são ajustados para SVM em dados reais e são utilizados como svm kernel e svm C no código Python, de acordo com o módulo Scikit-Learn. As amostras categorizadas de forma incorrecta são compensadas utilizando o hiperparâmetro C. Se C tiver um impacto no limite de decisão, terá um impacto na precisão da categorização. Quando C é elevado, o classificador tem como objetivo reduzir a quantidade de ocorrências não categorizadas.

Embora tenhamos experimentado com valores de C de 0,1, 1, 10,100 e 1000, descobrimos que o valor de C 1000 proporcionava a melhor precisão. Como resultado, C é definido para 1000 e o kernel utilizado é "linear" porque se mostra mais rápido. Um objeto Pipeline é construído e utilizado com várias opções personalizáveis, enquanto um SVM de treino é aplicado a dados falsos.

Os parâmetros utilizados para os dados sintéticos são considerados relativamente bons, como mostra a Tabela 3.1. O classificador MLP é utilizado na implementação da NN. As especificações dos seus parâmetros estão listadas na Tabela 3.2.

Quadro 3.1 Parâmetros SVM para o atributo "stages" do objeto Pipeline

Parâmetro	Valor
encolhimento	verdadeiro
gama	automóvel
forma da função de decisão	ovr
estado aleatório	Nenhum
tamanho da cache	200
tol	0.001
grau	3
probabilidade	falso
peso por classe	Nenhum
coef()	0.0
detalhado	falso
núcleo	linear
c	1000
max iter	-1

Tabela 3.2 Esta tabela lista os parâmetros utilizados pelo classificador NN.

Parâmetro	Valor
max_iter	200
solucionador	adão
taxa de aprendizagem	constante
alfa	0.0001
paragem precoce	Falso

ativação	ReLu
taxa de aprendizagem init	0.001
tamanhos.da.camada .oculta	100

A eficácia do classificador NN pode ser ajustada com os parâmetros fornecidos. O método proposto baseado em GAN para a categorização de imagens hiperespectrais utiliza um classificador NN.

3.3.4 Autoencoder profundo

O sistema proposto utiliza um autoencoder baseado em (Chen *et al.* (2014)). Trata-se de uma estratégia de redução de dimensionalidade baseada em aprendizagem não supervisionada. Para a aprendizagem de representação, utiliza redes neurais. Além disso, o número de parâmetros nas redes de previsão pode ser minimizado para reduzir o sobreajuste. Para começar, o autoencoder deve aprender a reconhecer as qualidades mais importantes da entrada. A Figura 3.4 ilustra um autoencoder com uma camada oculta, uma camada de saída e uma única camada de entrada. Há três camadas no autoencoder. São utilizadas uma camada de construção, uma camada oculta e uma camada visível, utilizando as entradas, as unidades L e as unidades d, respetivamente. A técnica de treinamento é dividida em duas partes, como mostrado na Equação 3.8 e na Equação 3.9

$$h = f(w_h x + b_h) \tag{3.8}$$

$$y = f(w_y x + b_y) \tag{3.9}$$

Onde f(.) é uma função de ativação, enquanto b_h e b_y denotam a polarização das unidades ocultas e de saída, respetivamente. Os tempos de espera associados às camadas de entrada e oculta, respetivamente, são designados por w_h e w_y. A distância euclidiana entre x e y é utilizada para calcular o erro de reconstrução.

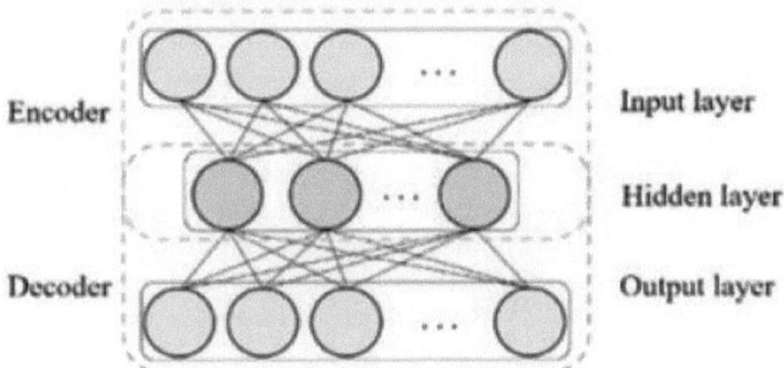

Fig. 3.4 Modelo de auto-codificador

3.4 Resultados e discussão

As experiências são realizadas com a ajuda da estrutura de ciência de dados Python e do Google Colab. A CNN (Radford *et al.* (2015)) é utilizada para construir o gerador e o discriminador. SVM ou NN são os dois tipos de classificador. É utilizado o conjunto de dados da Universidade de Pavia. A verdade básica é determinada utilizando os dados mostrados na Figura 3.6 antes da execução dos testes com a arquitetura GAN proposta. A verdade fundamental para o conjunto de dados da universidade de Pavia é desenvolvida e

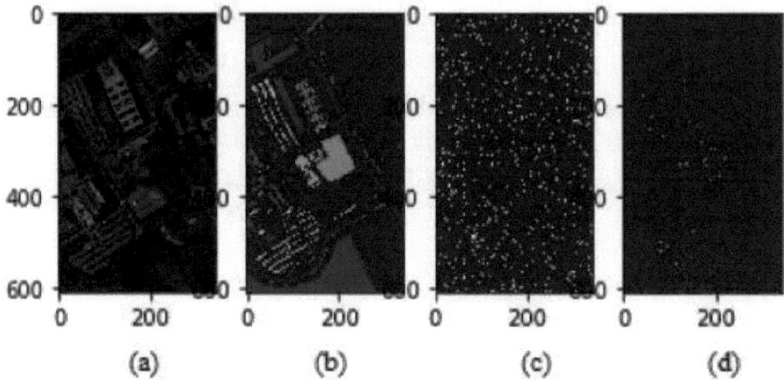

Fig. 3.5 Detalhes da verdade terrestre utilizada nas experiências; (a) uma vista composta (a) vista completa da verdade terrestre (b) vista da máscara (c) vista da verdade terrestre do comboio (d) vista da verdade terrestre do comboio

O algoritmo proposto é apresentado, o qual é utilizado para analisar os resultados do algoritmo proposto e diferenciá-lo do estado da arte. A verdade terrestre é utilizada para avaliar a eficácia das abordagens propostas na produção de amostras de espectros e na categorização de HSI utilizando NN e SVM. O número de verdadeiros negativos, falsos positivos, verdadeiros positivos e falsos negativos é utilizado para calcular as métricas de desempenho, incluindo a pontuação F1, a precisão e a recuperação. As métricas fornecem um valor de 0 a 1 como

Tabela 3.3 Métricas de desempenho

Metric	Formula	Best value	Value range
F1-score	$2 * \frac{(r*p)}{(r+p)}$	1	[0;1]
Recall	$\frac{TP}{(FN+TP)}$	1	[0;1]
Precision	$\frac{TP}{(FP+TP)}$	1	[0;1]

apresentados no Quadro 3.3. O valor 1 representa os melhores resultados.

3.5 Resultados experimentais

Na sequência das experiências, existem duas distribuições de amostras de espectros. O objetivo da avaliação é verificar se a distribuição falsa é tão excelente como a verdadeira. Após a criação de espectros sintéticos, estes são estimados utilizando um ou mais classificadores ML, tais como NN e SVM. A eficácia da abordagem é também avaliada em relação ao estado da arte.

Tabela 3.4 A arquitetura baseada em GAN produziu espectros sintéticos como resultado

S.No	Real Data	Synthetic Data Generated by GAN
1	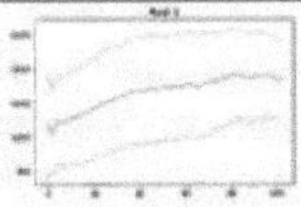	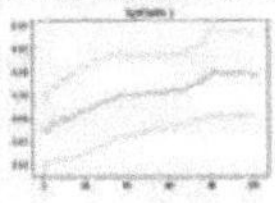
2	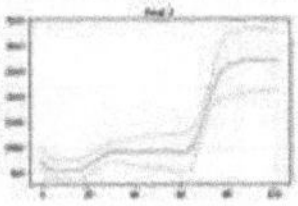	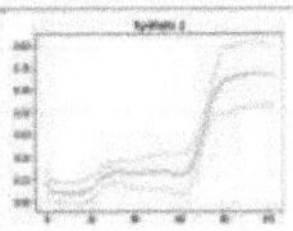
3	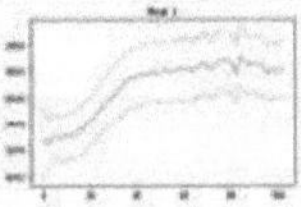	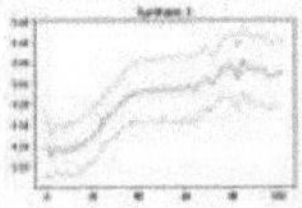
4	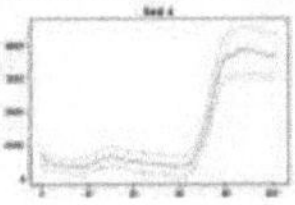	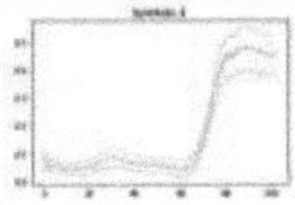
5	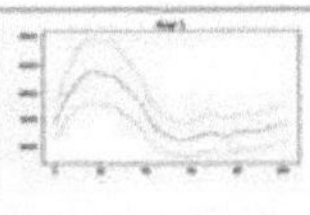	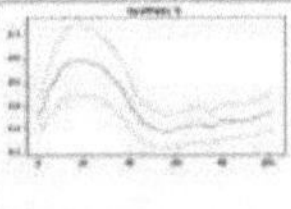
6	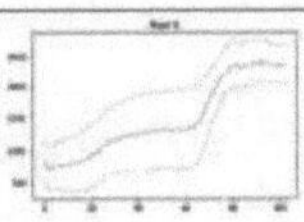	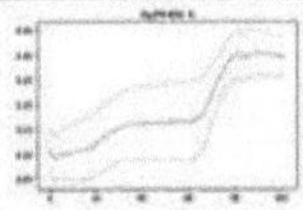
7	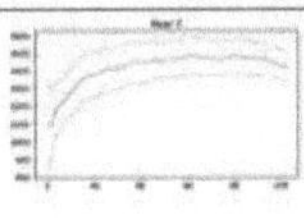	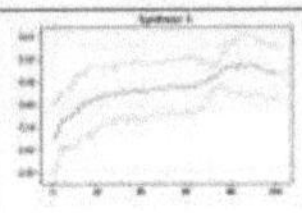
8	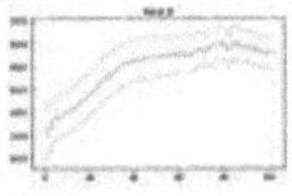	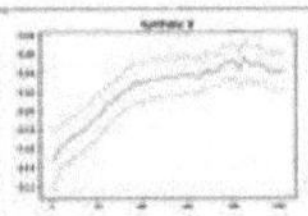
9	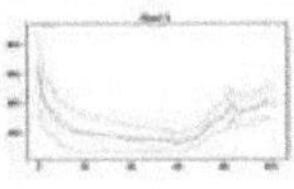	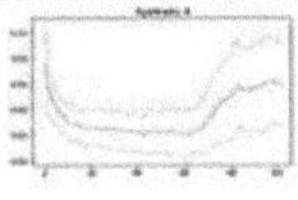

Para nove exemplos, a Tabela 3.4 mostra o resultado do gerador de arquitetura DALF proposto. Tanto nas amostras sintéticas como nas reais, o eixo horizontal apresenta a quantidade de iterações, enquanto o eixo vertical representa o valor do espetro médio + espetro std (linha vermelha no meio) (linha verde a tracejado na parte inferior), espetro médio (linha laranja no meio) e espetro médio - espetro std (linha azul a tracejado na parte inferior).

Tabela 3.5 Eficácia do classificador SVM em espectros reais

Amostra #	Desempenho da SVM (%) em dados reais		
	Precisão	Recall	Pontuação F1
1	0.85	0.94	0.89
2	0.93	0.96	0.94
3	0.79	0.72	0.75
4	0.93	0.90	0.91
5	1.00	1.00	1.00
6	0.87	0.78	0.82
7	0.83	0.48	0.61
8	0.83	0.84	0.84
9	1.00	1.00	1.00

Para várias amostras de espectros reais, a Tabela 3.5 apresenta o resultado da classificação HSI com SVM em termos de pontuação F1, recuperação e precisão.

Tabela 3.6 Desempenho da classificação SVM em espectros sintéticos

Amostra #	Desempenho da SVM (%) em dados sintéticos		
	Precisão	Recall	Pontuação F1
1	0.92	0.96	0.94
2	0.97	0.99	0.98
3	0.97	0.88	0.92
4	0.99	0.96	0.98
5	0.96	1.00	0.98
6	0.95	0.93	0.94
7	0.93	0.65	0.77
8	0.94	0.96	0.95
9	1.00	0.95	0.97

A Tabela 3.6 ilustra a pontuação F1, a recuperação e a precisão para vários dados de espectros sintéticos da classificação HSI com SVM.

Tabela 3.7 Desempenho da classificação NN em espectros reais

Amostra #	Desempenho da NN (%) em dados reais		
	Precisão	Recall	Pontuação F1
1	0.9350	0.9396	0.9373
2	0.9677	0.9741	0.9709
3	0.8540	0.7753	0.8127
4	0.9524	0.9429	0.9476
5	0.9976	0.9843	0.9909
6	0.9126	0.9101	0.9114
7	0.8450	0.8437	0.8443

| 8 | 0.8567 | 0.8815 | 0.8689 |
| 9 | 0.9989 | 0.9944 | 0.9966 |

A Tabela 3.7 ilustra a recuperação, a pontuação F1 e a precisão da classificação HSI com SVM para muitos dados de espectros reais.

Tabela 3.8 Desempenho da classificação NN em espectros aumentados

Amostra #	Desempenho da NN (%) em dados aumentados		
	Precisão	Recall	Pontuação F1
1	0.9407	0.9483	0.9445
2	0.9679	0.9771	0.9725
3	0.8349	0.7912	0.8125
4	0.9688	0.9433	0.9558
5	0.9953	0.9961	0.9957
6	0.9204	0.9137	0.9170
7	0.8902	0.8594	0.8745
8	0.8625	0.8743	0.8684
9	0.9989	0.9888	0.9938

Tal como apresentado na Tabela 3.8, o desempenho da classificação HSI com NN é apresentado em termos de precisão, recuperação e pontuação F1 para diferentes amostras de espectros aumentados.

A Figura 3.6 mostra o eixo horizontal com as amostras de espectros reais e o eixo vertical com a eficácia da classificação HSI em termos de pontuação F1, recordação e precisão, o que se refere a um maior desempenho na pontuação F1. Os resultados mostram que cada amostra de espetro teve um nível de desempenho variado no que respeita à classificação SVM. As amostras 5 e 9 tiveram ambas um desempenho perfeito de 100%.

DESEMPENHO DO SVM EM DADOS REAIS

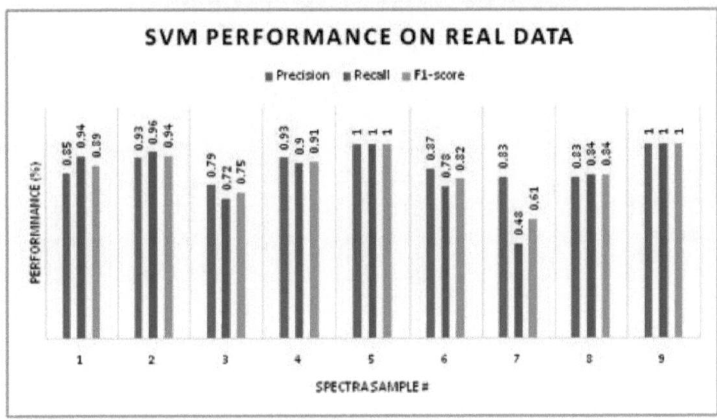

Fig. 3.6 Eficácia da classificação SVM em amostras reais

DESEMPENHO DO SVM EM DADOS SINTÉTICOS

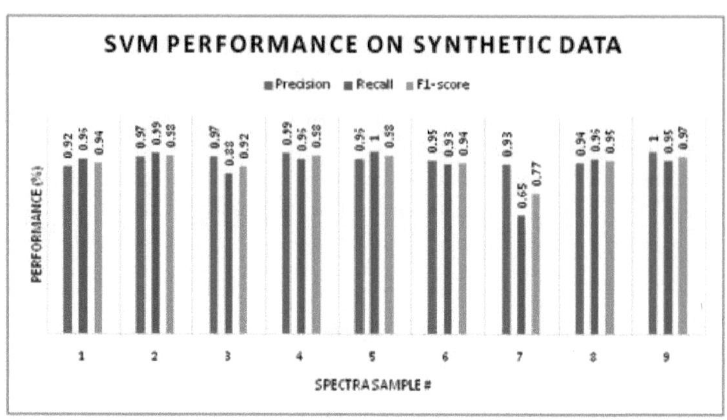

Fig. 3.7 Desempenho da classificação HSI da SVM em amostras sintéticas

Como se mostra na Figura 3.7, o eixo horizontal apresenta amostras de espectros sintéticos, enquanto o eixo vertical apresenta o desempenho da classificação HSI em termos de pontuação F1, precisão e recordação. Os resultados mostram que cada amostra de espetro teve um nível de desempenho variado no que respeita à classificação SVM. A amostra 7 teve a pontuação F1 mais baixa, de 0,77.

O eixo horizontal da Figura 3.8 mostra as amostras de espectros reais, enquanto o eixo vertical mostra o desempenho da categorização HIS em termos de pontuação F1, recuperação e precisão. Os níveis mais elevados de desempenho estão associados à recuperação, à pontuação F1 e à precisão. Os resultados demonstram que, no que diz respeito à categorização NN, cada amostra de espetro teve um desempenho diferente. A pontuação F1 da Amostra 3 é de 0,8127, que foi a mais baixa.

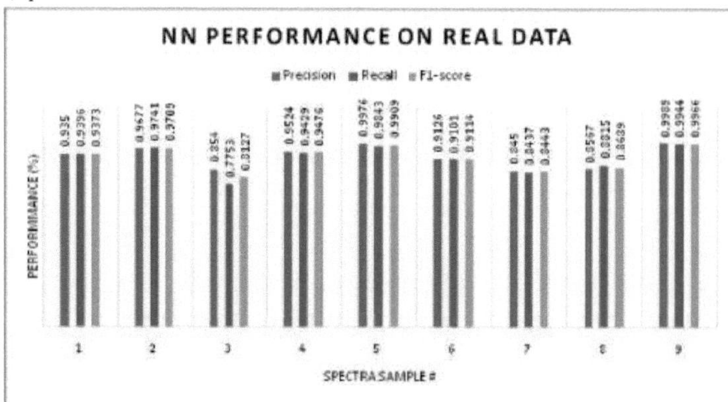

Fig. 3.8 Desempenho da classificação NN em amostras reais

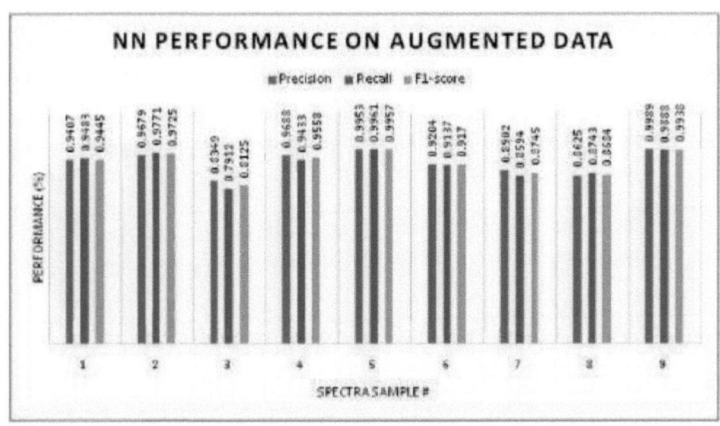

Fig. 3.9 Em amostras suplementadas, NN para desempenho de classificação HSI

O eixo horizontal da Figura 3.9 mostra as instâncias de espectros aumentados, enquanto o eixo vertical mostra a eficácia da categorização HSI em termos de pontuação F1, recuperação e precisão. A recuperação, a pontuação F1 e a precisão correspondem a níveis de desempenho mais elevados. Os resultados demonstram que, no que diz respeito à categorização NN, cada amostra do espetro teve um desempenho diferente. A pontuação F1 da amostra 3 foi de 0,8125, a mais baixa.

A Tabela 3.9 resume o desempenho HSI do classificador deNNeSVM com dados reais, sintéticos e melhorados em termos de pontuação F1.

A Figura 3.10 demonstra o desempenho HSI dos classificadores NN e SVM para espectros reais, sintéticos e melhorados (são utilizadas amostras reais e sintéticas para a formação). Os resultados demonstraram que cada amostra tinha capacidades de desempenho de classificação variadas. O desempenho de classificação de cada amostra é analisado. Em dados reais, a eficácia da NN supera a da SVM. Ao utilizar dados sintéticos com SVM e dados melhorados com NN, o SVM superou o NN. Como os dados sintéticos têm dificuldade em captar a classe

Tabela 3.9 Comparação de desempenho

Amostra #	Comparação de desempenho (F1-Score)			
	SVM(dados reais)	NN (dados reais)	SVM (dados sintéticos)	NN (dados aumentados)
1	0.89	0.9373	0.94	0.9445
2	0.94	0.9709	0.98	0.9725
3	0.75	0.8127	0.92	0.8125
4	0.91	0.9476	0.98	0.9558
5	1	0.9909	0.98	0.9957
6	0.82	0.9114	0.94	0.917
7	0.61	0.8443	0.77	0.8745
8	0.84	0.8689	0.95	0.8684
9	1	0.9966	0.97	0.9938

COMPARAÇÃO DE DESEMPENHO

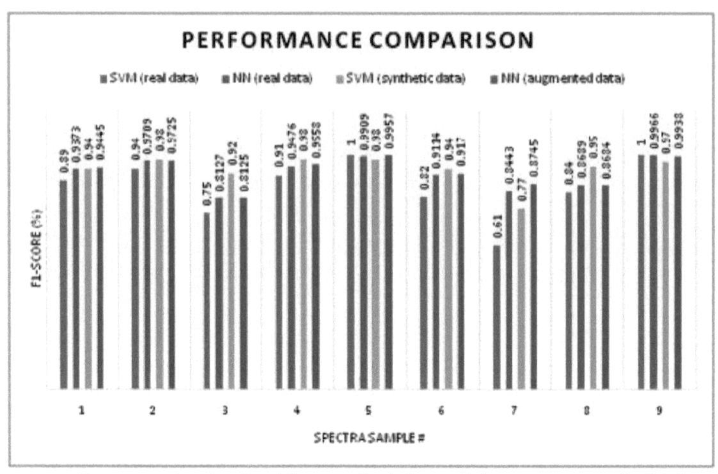

Fig. 3.10 Desempenho de classificação de dois modelos em termos de F1-Score

os dados melhorados por NN parecem ter um mau desempenho. No entanto, no contexto de uma classificação HSI pouco supervisionada, é interessante verificar que os dados melhorados têm um desempenho tão bom como os dados originais utilizando uma estrutura baseada em GAN. O procedimento de formação do nosso trabalho proposto é moroso; no entanto, outra vantagem dos algoritmos é o facto de serem rápidos a testar. Isto também pode ser visto nos resultados apresentados na Tabela 3.10.

RESUMO

Este trabalho considera o problema do arranque a frio para a classificação de imagens hiperespectrais com amostras de treino insuficientes, bem como o problema de alavancar a eficiência da classificação. Para o efeito, propusemos o Deep Adversarial Learning Framework (DALF), uma estrutura baseada em IA que utiliza um DAE para a redução da dimensionalidade, um GAN para gerar novas imagens hiperespectrais e um GAN para gerar novas imagens hiperespectrais.

Tabela 3.10 Comparação dos classificadores em termos de análise de complexidade

Técnica	Tempo de treino	Tempo de ensaio
3D CNN	112.32	23.12
Proposta	21.4	4.5

Imagiologia (HSI) e CNN para classificação num jogo não cooperativo. A exatidão da classificação DALF depende muito da síntese e rotulagem regulares dos espectros. As amostras sintéticas criadas através de um processo iterativo e verificadas com um discriminador produzem espectros úteis. O quadro melhora o desempenho da classificação através da formação de GAN com modelos de aprendizagem profunda associados. Os nossos resultados mostraram que a estrutura proposta, com uma técnica eficaz de aumento de dados, tem a capacidade de prosseguir o estado da arte. Pretendemos continuar a desenvolver e testar o DALF com exemplos de imagens hiperespectrais de diversos domínios no futuro.

Capítulo 4

CLASSIFICAÇÃO DE IMAGENS HIPERESPECTRAIS UTILIZANDO MÁQUINAS DE VECTORES DE SUPORTE

4.1 Introdução

A imagem hiperespectral (HI) está a ganhar popularidade numa variedade de aplicações de análise de imagens do mundo real (Khan *et al.* (2018)). A teledeteção, a biomedicina, a qualidade dos alimentos, o património cultural, a agricultura e muitos outros domínios estão entre eles. Os investigadores da teledeteção começaram a utilizar as ideias revolucionárias da imagiologia e da espetroscopia no final da década de 1970 (Dhandhalya e Parmar (2016)).

A atual geração de HSI baseia-se na deteção remota e contém uma grande quantidade de dados espaciais e espectrais sobre uma imagem. Os sensores de imagem hiperespectral são utilizados para captar estas imagens em muitas bandas de comprimento de onda. A imagem tem a forma de um cubo de dados 3D com as coordenadas H(p, q, R), em que "p" e "q" representam as bandas de comprimento de onda e a dimensão espacial é designada por "R". Em geral, o cubo de dados contém uma coleção de medições de reflectância em vários comprimentos de onda. Cada pixel numa imagem hiperespectral é suposto ser classificado (Ren *et al.* (2014)). As características do espetro de alta dimensão da(s) imagem(ns) adquirida(s) resultam na capacidade de discriminação. A maioria das abordagens de classificação tradicionais para HI baseava-se na combinação de informações espectrais ou espaciais ou combinava ambos os aspectos de imagens básicas (Swamy *et al.* (2017)). As principais desvantagens incluem a necessidade de ajuste manual dos parâmetros e o problema de obter características de alto nível a partir de imagens complicadas.

O fenómeno de Hughes (Hughes (1968)) demonstra que existe um número máximo de bandas em que a precisão da categorização se deteriora. Além disso, aumenta a complexidade do espaço e do tempo. Foram desenvolvidas numerosas estratégias de seleção de características (Martlnez-UsOMartmez-Uso *et al.* (2007)), (Serpico e Moser (2007)) e de extração de características para minimizar o tamanho da imagem e, consequentemente, melhorar a precisão da classificação.

A PCA é frequentemente utilizada para a extração de características para identificar a banda mais relevante, designada por componente principal (PC) (Rodarmel e Shan (2002)). Para decompor a componente principal em componentes hierárquicos não destrutivos, é utilizada a BEMD (Linderhed (2004)). Isto é referido como funções bidimensionais intrínsecas (BIMFs) e resíduos. Este procedimento de filtragem produz funções não-lineares e não-estacionárias conhecidas como BIMFs. O método BEMD é uma técnica de processamento de sinal utilizada em aplicações de deteção remota e processamento de imagem. As BIMFs incluem informações sobre as características locais da imagem. As máquinas de vectores de suporte classificam o IH utilizando BIMFs e imagens de resíduos como entrada (s) (Harikiran *et al.* (2015)).

Quando emparelhado com características de RS, o processamento de imagens tem vários objectivos, como "calibração", "classificação", "extração de características", "correcções radiométricas", "interpretação de cenas" e "identificação de alvos". Com base na abordagem de aprendizagem profunda, os processos de extração de características e de gestão de dados têm uma vasta gama de aplicações para classificações de HI. A categorização do coberto vegetal é tratada na análise agrícola utilizando duas abordagens predominantes: A monitorização, a modelação, a estimativa e os métodos de exame para controlos pós-colheita e pré-colheita, bem como os testes de qualidade dos alimentos, são algumas das abordagens adicionais de HI utilizadas na investigação agrícola (não invasivas e não destrutivas) (Saichandana *et al.* (2016)).

A análise e a categorização de dados hiperespectrais (espaciais, espectrais ou uma mistura de ambos) evoluíram de procedimentos unidimensionais para abordagens bidimensionais e tridimensionais (mais recentes). Para lidar com a redundância da informação espetral em classificações de maior dimensão, são utilizadas várias abordagens de redução da dimensão durante a fase de pré-processamento.

4.2 Preliminares

4.2.1 SVM

O SVM é um sistema de classificação binária baseado na aprendizagem estatística. Cria um hiperplano ideal com o menor número de amostras de treino, conhecido como vectores de apoio, para aumentar a margem entre classes. Para resolver problemas de regressão e classificação, o SVM utiliza a abordagem de kernel. O SVM (Silva et al. 2008) é uma técnica de aprendizagem automática supervisionada que cria um hiperplano entre as duas classes para obter a maior separação possível. Ao dividir as classes com uma margem ampla, o erro é minimizado e o erro mínimo é utilizado para prever a classe correcta dos dados sem quaisquer erros na fase de classificação.

Tal como ilustrado na Figura 4.1, o plano limite representa dois planos paralelos ao classificador que avaliam através de um ou mais pontos nos dados. Estes planos delimitadores são separados por uma margem. O hiperplano que optimiza a margem é avaliado durante o processo de aprendizagem. Os vectores de apoio são os pontos da respectiva classe que se encontram nos planos de fronteira. O termo SVM deriva da importância destes pontos na construção de um hiperplano (Soman et al. 2009). É uma abordagem amplamente utilizada para a classificação de imagens e, quando comparada com outros métodos de classificação, é o melhor classificador. A desvantagem desta abordagem é o facto de demorar muito tempo a calcular. Uma vez que o SVM é uma técnica típica de classificação e utiliza um núcleo de função de base radial (RBF), é utilizado como abordagem de base para avaliar a eficácia dos algoritmos sugeridos.

4.2.2 PCA

A PCA ou análise de componentes principais é uma abordagem bem conhecida de várias camadas para converter um conjunto de variáveis que estão correlacionadas num conjunto de variáveis lineares que não estão correlacionadas. Os componentes principais iniciais nesta conversão fornecem os maiores detalhes sobre o conjunto de dados. Na prática, a ACP é utilizada para diminuir a dimensionalidade de um conjunto de dados de elevada dimensionalidade, utilizando apenas os primeiros componentes principais para o transformar num conjunto de dados de dimensão inferior. De acordo com o

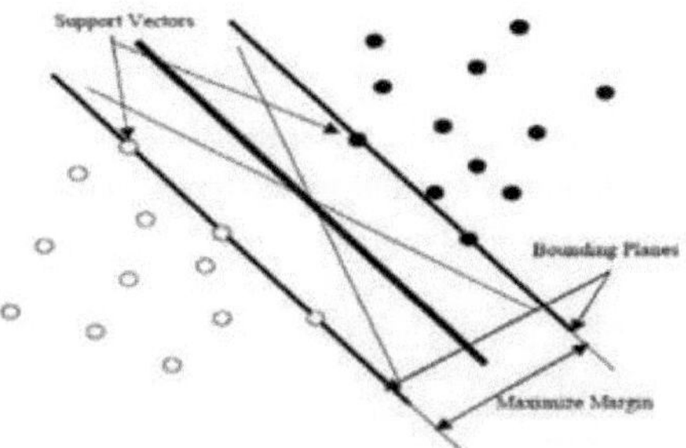

Fig. 4.1 Máquina de vectores de suporte (Fonte: Soman et al. 2009)

Índice de Kaiser, o número de elementos primários relevantes é equivalente ao conjunto das raízes das características da matriz de correlação com valores superiores a um.

A PCA é uma abordagem para a deteção de um novo modelo de coordenadas em que a informação está concentrada num pequeno número de coordenadas e o restante contém apenas uma quantidade limitada de informação. Em termos simples, a PCA pode identificar uma expansão de Fourier para atuar como a nova linha de base. Suponha-se que a nova expansão de Fourier é X e que cada coluna de X é um vetor unitário unidimensional que deve manter as coordenadas O do sistema. Uma expansão de Fourier é uma nova base $X = [XO, xo]$. Quando a submatriz é denotada como xo criada pelas primeiras O colunas de X, a matriz de dados é escrita

$$P = \hat{X}Q + X_O R \tag{4.1}$$

Depois

$$\begin{bmatrix} R \\ Q \end{bmatrix} = \begin{bmatrix} X_0^T \\ \hat{X}_0^T \end{bmatrix} P \tag{4.2}$$

Significa

$$R = X_0^T P \tag{4.3}$$

E

$$Q = \hat{X}_0^T P \tag{4.4}$$

O objetivo da PCA é descobrir a expansão de Fourier X que retém a maior parte da informação, excluindo $\hat{X}_0^T$ e substituindo-a por uma matriz, independente do ponto de dados. Estimar Q utilizando uma matriz em que todas as colunas são iguais. Suponha que esta coluna é b e que é tendenciosa, então $Q \approx b1^T$ exacta com $1^T \in W^{1 \times N}$ uma vez que é um vetor de linha com todos os componentes equivalentes a 1. Para encontrar U,

$$b = arg\ min_b \|Q - b1^T\|_F^2 = arg\ min_b \|\hat{X}_0^T P - b1^T\| \|\hat{X}_0^T P - b1^T\|_F^2 \tag{4.5}$$

A função objetivo b, que é 0, é utilizada para resolver o problema da derivada.

$$(b1^T - \hat{X}_0^T P)1 = 0 \implies Nb = \hat{X}_0^T P1 \implies b = \hat{X}_0^T \bar{P} \tag{4.6}$$

em que $1^T 1 = N$ e $\bar{p} = 1Nx1$ é o vetor principal de cada coluna em P.

Os dados iniciais são estimados utilizando ,

$$W = X_0R + \hat{X}_0Q \approx X_0R + \hat{X}_0b1^T = X_0R + \hat{X}_0\hat{X}_0^T P1^{\bar{T}}\triangle = W \qquad (4.7)$$

A PCA é um problema em que a matriz ortonormal U deve ser obtida de forma a obter a melhor aproximação possível. Suponha-se que o vetor de médias é P=0. então,

$$W \approx W = X_0R \qquad (4.8)$$

A PCA torna-se a questão ideal.

$$X_0R = arg\ min_{X_K,R}||W - X_0R||_F \qquad (4.9)$$

Satisfeita $X_O^TX_O = I_O$ com $I_k \in H^{OxO}$ é a matriz unitária no espaço O-dimesnional e esta condição garante que X_O é uma expansão de Fourier.

4.3 Metodologia proposta

Nesta investigação, a PCA é utilizada para a extração da banda mais relevante, designada por componente principal (PC). O componente fundamental é fragmentado em componentes hierárquicos não destrutivos denominados BIMFs e imagem residual utilizando a técnica de processamento de sinal BEMD (Saichandana *et al.* (2016)). Devido ao processo de filtragem, estas BIMFs são funções não estacionárias e não lineares. As aplicações de deteção remota e de processamento de imagens utilizam a BEMD. As BIMFs representam as características locais da imagem. As máquinas de vectores de suporte recebem FMIs adicionais, bem como a imagem residual para classificação.

4.3.1 DME

Huang et al. apresentaram o EMD, método de processamento forte de sinais para análise multi-escala adaptativa de dados não-estacionários em (Huang *et al.* (1998)). Os sinais podem ser separados num conjunto não vazio de componentes não destrutivos (conhecidos como FMIs) utilizando a EMD. O FMI final é referido como o resíduo. O FMI inicial tem a frequência mais elevada, que diminui de forma constante nos FMI seguintes, com a frequência mais baixa no último componente (resíduo). O processo de deslocação é outro nome para este processo de desintegração. Alguns investigadores começaram a empregar a EMD como base para a criação de funções de modo intrínseco (IMF) utilizando o processo de deslocação (SP) para soluções de casos unidimensionais (Shendryk *et al.* (2018)). A FMI tem uma "média local zero" quando o N.º de (extremos)=N.º de (cruzamentos zero).

4.3.2 BEMD

Até agora, provou-se que um processo de peneiramento unidimensional (SP) é um processo iterativo com um número fixo de iterações, uma função de interpolação e um critério de paragem. O SP parece estar presente no BEMD, que se baseia na 'Triangulação de Delaunay' (He, Zhang, Shen, Wang, Wang e Yu (2014)) e depois em triângulos usando 'Interpolação Cúbica' (He, Shen, Wang e Wang (2014)).O tempo de computação do BEMD é extremamente rápido. O algoritmo BEMD é descrito da seguinte forma (Huang *et al.* (2017)), (Kumar *et al.* (2016)): Algoritmo: BEMD

Passo 1: Conjunto de dados HSI como entrada

Passo 2: Img(bx,by)= Primeiro PC da imagem HI

Passo 3: Em Img(cx,cy)procurar os pontos de máximo local

Em Img(bx,by) procurar os pontos de mínimos locais

Passo 4: "UpperEnvelope" Up(bx,by)= Interpolação de ('pontos máximos') "LowerEnvelope"

Lw(bx,by)= Interpolação de ('pontos mínimos')

Passo 5: Média (bx,by)= $\{ \dfrac{[Up(bx,by)+Lw(bx,by)]}{2}$

Passo 6: sub (bx,by)=Img(bx, by) - Mean(bx,by)

Passo 7: IMFi=Sub (bx,by) se sub(bx,by) satisfaz as Propriedades (IMF)

Passo 8: Img (bx, by)=Img(bx, by) - IMFi

Passo 9: SE Img(bx, by) tem pontos mínimos e máximos para desenvolver as envolventes ENTÃO IR PARA O PASSO 3

Passo 10: fim

4.3.3 Análise de componentes principais

A ACP é um método matemático para reduzir a dimensionalidade (Jolliffe e Cadima (2016)). Os componentes principais são conjuntos de observação representados ortogonalmente de variáveis possivelmente correlacionadas (entidades numéricas) por variáveis linearmente não correlacionadas (Deepa e Thilagavathi (2015)). Como consequência deste procedimento, são calculadas as componentes principais, sendo que a componente principal inicial, com a maior variância potencial, representa a variabilidade máxima dos dados. Segue-se o segundo componente principal, que inclui a segunda maior variabilidade, e assim por diante Sun *et al.* (2017). Um pixel individual numa HSI numa determinada posição como:

$$P_i = [p_1, p_2, ...p_N]i^T \qquad (4.10)$$

em que N representa o conjunto total de bandas numa HSI. i=1, 2, 3, etc. O número M na imagem hiper-espetral representa o número de vectores de pixels.x*y = X (para x linhas e y colunas dos dados HSI). Na abordagem PCA, a matriz de covariância x é decomposta por Eigen.

Finalmente, obtém-se k, com ($k<N$) imagens de PC que contêm a maioria dos dados Kang *et al.* (2017). À medida que chegamos à imagem da componente principal k^{tn}, a quantidade de variação ou informação diminui. Não há associação entre as duas imagens de componentes principais após a transformação. No modelo sugerido, a PCA é utilizada para os conjuntos de dados da Universidade de Pavia e de Indian Pines, que são conjuntos de dados de HSI amplamente conhecidos. O primeiro componente principal de ambos os conjuntos de dados é gerado e selecionado como entrada para a decomposição BEMD.

4.3.4 SVM

Um discriminador representado matematicamente por um hiperplano discriminativo é conhecido como uma máquina de vectores de suporte. É uma forma de representar dados como pontos mapeados no espaço, com pontos de diferentes categorias separados pelo máximo de espaço possível. Estes hiperplanos servem como limites de categorização de amostras de dados. Independentemente da sua localização relativamente ao hiperplano, os pontos de dados podem ser atribuídos a várias classes. O conjunto de características é fundamental para determinar a dimensão do hiperplano. O hiperplano é essencialmente uma linha quando o conjunto de características independentes é dois. A Figura 4.2 ilustra a técnica da Máquina de Vectores de Suporte. Quando o conjunto de características independentes atinge três, o hiperplano torna-se um plano bidimensional. As amostras de dados que estão mais próximas do hiperplano são conhecidas como

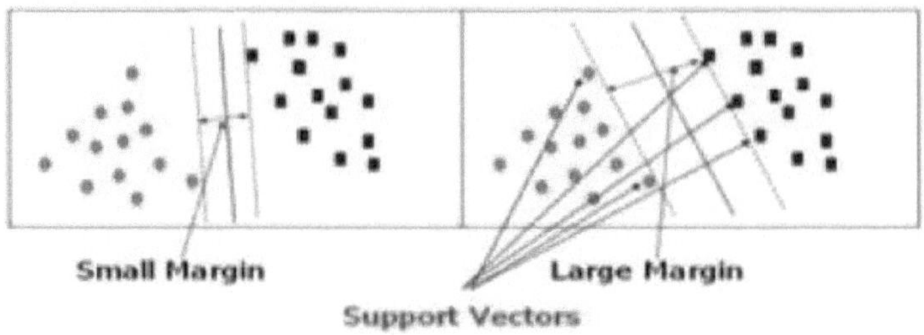

Fig. 4.2 Máquina de vectores de suporte

SVM. Estes vectores de apoio têm efeitos na orientação e localização do hiperplano. Utilizando estes vectores de apoio, maximizam a margem do classificador. A saída da função SVM é classificada como uma classe se for superior a 1; caso contrário, na classificação de classe binária, é classificada numa classe diferente. Vários algoritmos SVM utilizam uma variedade de funções de kernel. Estas funções podem ser de vários tipos. O kernel gaussiano, sigmoide, função de base radial (RBF) e polinomial são alguns exemplos (Bajorski (2009)). Como resultado do método SVM, um pixel de imagem é dividido em classes com base nas características da BEMD.

4.4 SVM para classificação de imagens hiperespectrais

O modelo proposto, apresentado na Figura 4.3, foi concebido para prever a classe de cada pixel numa imagem hiperespectral utilizando um método de aprendizagem supervisionado. De seguida, apresenta-se um resumo do método sugerido:

•   A PCA é utilizada para extrair o primeiro componente principal (PC) do conjunto de dados de imagens hiperespecíficas.

•   O PC é enviado através da técnica de processamento de sinal BEMD, que o decompõe em três BIMFs e deixa uma imagem de resíduo.

Os atributos do nosso conjunto de dados de imagens hiperespectrais são estes BIMF e a imagem residual, que são dados a um modelo SVM pré-treinado.

Um pixel menos próximo numa imagem demonstra frequentemente um elevado grau de coerência com os seus vizinhos. Para evitar a perda de dados espaciais nesta experiência, são recuperadas manchas de tamanho 33x33x4 com a imagem residual das BIMFs empilhadas.

Para manter o desequilíbrio dos conjuntos de dados HS, as amostras resultantes são sobreamostradas para as classes pobres. Estas amostras são também divididas em 80% de amostras de formação e 20% de amostras de teste. Por último, o modelo SVM é treinado e avaliado, e os resultados para os dois parâmetros de referência são bons.

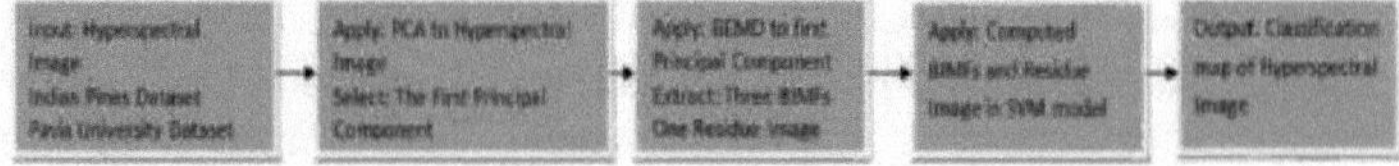

Fig. 4.3 Modelo proposto

4.5 Resultados experimentais e discussão

A eficácia do modelo RESNET-PCA-BEMD proposto é demonstrada nesta secção. As experiências com conjuntos de dados de imagens hiperespectrais descarregadas foram realizadas num ambiente de nuvem. (Fonte: www.ehu.eus/ccwintco/index.php?title=HyperspectralRemoteSensingScenes). Seguem-se breves explicações sobre ambos os conjuntos de dados HI (Universidade de Pavia e pinheiros da Índia).

4.5.1 Conjunto de dados de pinheiros indianos (IP)

Durante o mês de junho, o sensor de imagem hiperespectral "AVIRIS" adquiriu esta imagem no local de ensaio "IPs" (Noroeste do Indiana). Os valores de reflectância estão incluídos no conjunto de dados. A imagem inclui 145 colunas e 145 linhas, bem como 224 bandas espectrais com comprimentos de onda de diferentes comprimentos (de 0,4 a 2,5 10-6 metros). Dois terços da paisagem estão cobertos por agricultura, enquanto o restante um terço está coberto por florestas. Estão presentes auto-estradas, linhas de caminho de ferro, habitações de baixa densidade, construções manufacturadas e pequenas estradas. A agricultura, como o milho e a soja, constitui o corpo. Existem 16 classes na verdade terrestre. A imagem foi ajustada através da eliminação de algumas bandas indesejáveis e a imagem final corrigida mede 145x145x200 pixéis.

4.5.2 Conjunto de dados da Universidade de Pavia (PU)

O 'ROSIS' da PU em Pavia fotografou esta imagem (Norte de Itália). Existem 103 'bandas espectrais' no conjunto de dados PVU. Há 610 linhas e 610 colunas na imagem. Cada classe da verdade terrestre tem nove membros. Antes da análise, foram eliminadas várias amostras de imagens por não conterem qualquer informação. As riscas pretas reflectem este facto. As dimensões da imagem são 610x610x103 pixéis.

4.6 Resultados da classificação

Os componentes principais da Universidade de Pavia e do conjunto de dados de Indian Pines são apresentados na Figura 4.4. Os FMIs BEMD da primeira ACP de cada conjunto de dados são apresentados na Figura 4.5

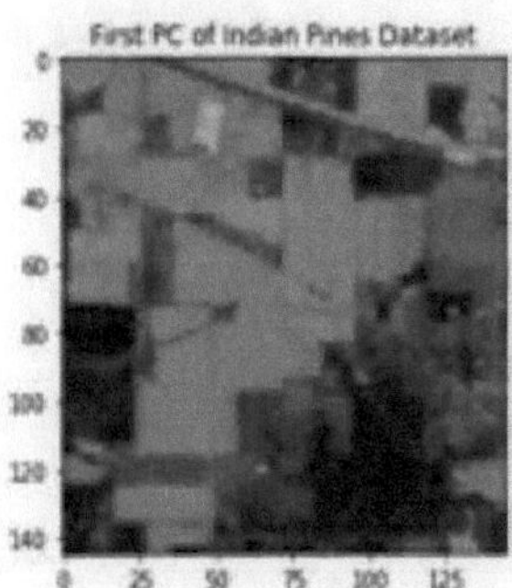

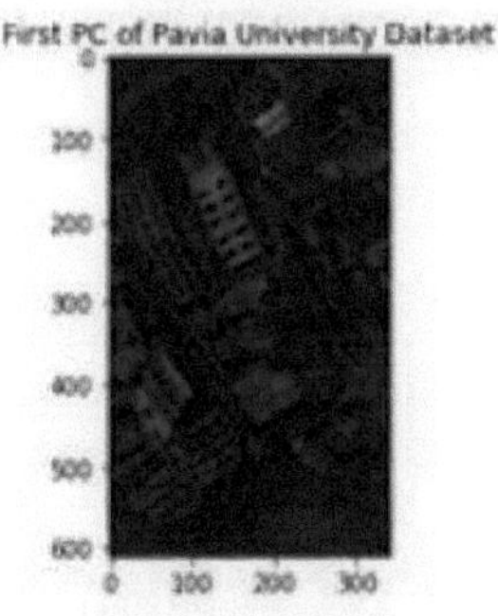

Fig. 4.4 Primeira componente principal do conjunto de dados de Indian Pines e da Universidade de Pavia

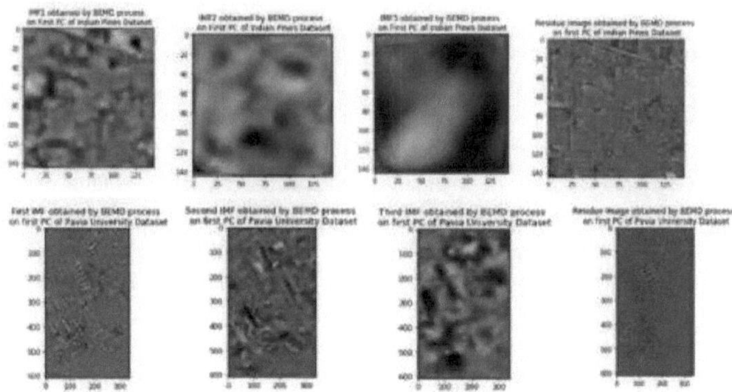

Fig. 4.5 Componentes BEMD do primeiro componente principal para cada conjunto de dados

O número de amostras (Teste e Treino) nos conjuntos de dados da Universidade de Pavia e de Indian Pines é apresentado na Tabela 4.2 e na Tabela 4.1, respetivamente. A Tabela 4.3 compara o modelo proposto com as técnicas mais avançadas em termos de exatidão. Nos conjuntos de dados IP e PU, a técnica proposta atinge uma precisão de 97,6% e 96,7%, respetivamente. Ambos os conjuntos de dados foram comparados com o PCA-KNN convencional (Garcia-Allende *et al.* (2008)), MNF+FABEMD + SVM (Yang *et al.* (2016)) e 2-D EMD + SVM (Demir e Erturk (2010)).

Como se pode ver na Tabela 4.4, são apresentados os tempos de treino e de teste do método proposto e de outros métodos de comparação para os conjuntos de dados IP e PU. Confirma-se que o método proposto

Tabela 4.1 Número de amostras de treino e de teste no conjunto de dados da universidade de Pavia

Classe Número	Formação	Ensaios	Exatidão (%)
1	15915	1326	97
2	14919	3730	97.89
3	15111	420	96
4	14706	613	97.83
5	15064	269	97
6	16092	1006	97
7	14896	266	97
8	14725	737	97
9	14160	189	97
AA			97.6
OA			97.64
KA			97.92

não só melhora o desempenho como também diminui o tempo de computação dos métodos propostos.

Resumo

Esta secção explica como extrair características de imagens hiperespectrais utilizando os algoritmos PCA e BEMD. Para a categorização, estas características são introduzidas em máquinas de vectores de suporte. Em comparação com outras metodologias de ponta, os resultados experimentais em conjuntos de dados padrão mostraram que o modelo proposto tem um melhor desempenho.

Tabela 4.2 Número de amostras de treino e teste no conjunto de dados de pinheiros indianos

Classe Número	Formação	Ensaios	Exatidão (%)
1	1961	9	95
2	2284	286	95.2
3	1992	166	95.6
4	1900	47	96
5	1930	97	95.9
6	1752	146	96
7	1955	5	96
8	1910	96	96
9	1968	4	96
10	2334	194	96
11	1964	491	96.59
12	1896	119	96
13	1968	41	96
14	2024	253	96
15	1854	77	96.9
16	1998	19	96.8
AA			96.7
OA			96.4
KA			96.3

Tabela 4.3 Comparação da exatidão da classificação proposta (percentagem) com as técnicas mais avançadas

Método	Pinheiros indianos	Universidade de Pavia
PCA-KNN convencional	87.70	88.10
2-D EMD + SVM	94.7	95
MNF + FABEMD+SVM	94.8	96.2
Proposta PCA-BEMD-SVM	96.7	97.6

Tabela 4.4 Tempos de treino e teste (em min) para os conjuntos de dados IP e PU

Técnica	Conjunto de dados de Indian		Conjunto de dados da	
	Tempo de	Tempo de	Tempo de	Tempo de
PCA convencional + KNN	28.9	16.2	31.25	19.23
Proposta	26.45	12.25	28.55	15.62

Capítulo 5

UM SISTEMA NEURAL CYCLE-GAN SEMI-SUPERVISIONADO
REDE PARA IMAGEM HIPERESPECTRAL
CLASSIFICAÇÃO COM FRACÇÃO MÍNIMA DE RUÍDO (MNF)

5.1 Introdução

A investigação sobre imagens hiperespectrais (HSI) é agora amplamente utilizada numa variedade de domínios, incluindo a classificação da cobertura terrestre, a monitorização e o controlo da qualidade, a ciência ambiental e as aplicações industriais (Qin *et al.* (2018), Zhou, Xue e Du (2019)). Tem sido amplamente utilizada nos domínios da segurança, do planeamento urbano e da tecnologia mineira. As imagens hiperespectrais, que são cubos de dados 3D, contêm dados espaciais 2D (caraterística da imagem) e dados espectrais 1D (bandas espectrais) (Liu, Li e He (2018),Mou *et al.* (2020)). Os comprimentos de onda finos são ocupados pelas bandas espectrais, enquanto a dispersão e a correlação são visíveis entre pixéis próximos de várias direcções em imagens de características de comprimento de onda confiantes, como a forma e a cobertura do solo (Zhang (2020),Hu *et al.* (2020)). Existem numerosos problemas com o processamento de HSI, incluindo a elevada dimensionalidade, a complexidade computacional, o fraco contraste, o ruído e a falta de amostras de treino. Para ultrapassar o problema da dimensionalidade, são utilizadas técnicas de pré-processamento, como a fração mínima de ruído (MNF) (Zhao, Su e Yan (2020),Zhang, Cao, Li, Wang e Fu (2019),Xue (*2020b*)), PCA aleatório (R-PCA), etc., para a extração das características mais adequadas. A numerosa quantidade de bandas espectrais, que produz uma dimensionalidade de dados de alto grau, representa um desafio para a análise e classificação de imagens (Zhao, Chen, Bo e Chen (2019),Ji *et al.* (2019)). Vários tipos de classificadores foram desenvolvidos nas últimas décadas para resolver os problemas acima mencionados. Eles podem ser categorizados em três tipos principais, ou seja, métodos semi-supervisionados, métodos não supervisionados e métodos supervisionados (Zhong *et al.* (2019),Sellami *et al.* (2019),Ren *et al.* (2019),Mou *et al.* (2020)).

Nos métodos não supervisionados, são utilizadas grandes amostras não rotuladas para treinar modelos. Uma vez que os métodos não supervisionados podem ser facilmente utilizados para tratar dados hiper-espectrais, não são necessárias amostras rotuladas. Vários métodos não supervisionados, como C-Means, baseados em grafos, algoritmo imune artificial, agrupamento difuso, difuso e outros, superaram os métodos supervisionados na classificação hiper-espetral. É impossível determinar a relação entre clusters e classes devido à falta de conhecimentos prévios (Gao *et al.* (2020),Huang *et al.* (2019),Sellami *et al.* (2020)).

A técnica de aprendizagem semi-supervisionada tenta resolver o "problema das pequenas amostras", combinando as vantagens de um número limitado de dados rotulados com um grande número de amostras não rotuladas facilmente disponíveis. Os métodos semi-supervisionados são categorizados em 4 categorias: (1) os modelos generativos, através dos quais são avaliadas as densidades da condição para obter as etiquetas das amostras. (2) Separação de baixa densidade, na qual os limites são colocados nas áreas onde algumas amostras são obtidas (rotuladas ou não rotuladas) (Xia *et al.* (2019),Xu *et al.* (2019),Wu *et al.*

(2020),Cui *et al.* (2018)). A máquina de vectores de apoio transdutivo (TSVM) é o principal dos algoritmos mais avançados (3) amostras rotuladas e não rotuladas que são utilizadas pelos métodos baseados em grafos e atribui rótulos a amostras não rotuladas. (4) Métodos baseados em invólucros, em cada iteração no método de aprendizagem supervisionada, as amostras não rotuladas são rotuladas gradualmente. A auto-formação e a co-formação são os métodos baseados na envolvente mais frequentemente utilizados. Infelizmente, os métodos acima referidos só podem extrair algumas características do conjunto de dados HIS. De acordo com investigações recentes, a aprendizagem profunda emergiu como um ponto de acesso no processamento de imagens, particularmente na classificação hiperespectral. As redes breves profundas (DBN), as redes neurais convolucionais (CNN) e os autoencoders empilhados (SAE) são arquitecturas profundas comuns (Zhao, Su e Yan (2020), Boggavarapu e Manoharan (2020), Xie *et al.* (2021)).

Para que o treino efectue quadros de classificação supervisionada, é necessário conceder um grande número de rótulos. Utilizando um classificador semi-supervisionado que segue a aprendizagem profunda contextual e a rotulagem multi-decisão, o trabalho atual demonstrou resultados positivos na classificação do hiper-espetro (ou seja, CDL-MD-L) (Ramamurthy *et al.* (2020), Mohan e Venkatesan (2020)).

É necessário um número significativo de amostras rotuladas para treinar os quadros de classificação supervisionada. No entanto, os métodos da abordagem semi-supervisionada podem lidar com amostras marcadas e não marcadas. A aprendizagem semi-supervisionada assume o controlo, aumentando as amostras de geradores para a extração de características e maximizando a saída da dimensão do classificador. A estrutura semi-supervisionada proposta conduz a resultados promissores, superando alguns métodos do estado da arte.

5.2 Preliminares

5.2.1 Transformação da fração mínima de ruído

A transformação MNF é uma transformação linear em duas etapas: (1) Descorrelaciona e redimensiona os ruídos na informação com a matriz de covariância do ruído (branqueamento do ruído). Como resultado deste método, não haverá correlações de banda para banda no ruído e este terá uma variância unitária. (2) Efetuar uma transformação PCA padrão para o sinal de ruído branco. Suponhamos que um cubo HSI tem p bandas $A_i(x)$, i=1,2,3p .

$$P(y) = Q(y) + A(y) \qquad (5.1)$$

em que $P(y) = \{P_1(y), P_2(y), ...P_p(y)\}^T$, e Q(y),A(y) são componentes não coordenadas do sinal e do ruído de P(y). Assim,

$$Con\{P(y)\} = \sum = \sum_Q + \sum_A \qquad (5.2)$$

Onde A e Q são as matrizes de covariância A(y) e Q(y), respetivamente. O objetivo da transformada MNF é escolher elementos que optimizem a SNR em vez de dados relevantes. Para isso, primeiro, entenda as matrizes de dispersão do ruído A e do sinal Q. A covariância do sinal B é calculada de forma semelhante à transformada PCA. As estatísticas no local podem ser utilizadas para calcular a covariância do ruído Z.

Utilizando a decomposição Eigen, a fração de ruído mínimo padrão de Green organiza as bandas de saída ao longo do eixo de SNR mais baixo: $\sum Q \sum_A^{-1} = V \cap V^T$ onde V é designada como uma matriz ortonormal que contém os vectores latentes de $\Sigma Q \Sigma_A^{-1}$ e $\cap$ representa matrizes de escala que são os vectores latentes correspondentes a V. Além disso, a matriz V também serve de base para o cubo HSI convertido. A qualidade visual dos componentes MNF está constantemente a degradar-se. A MNF é uma técnica de vectores próprios, semelhante à transformação PCA, só que com base na arquitetura de covariância dos ruídos no conjunto de dados da imagem. Quando se trata de construir um número de imagens que são classificadas de acordo com a qualidade da imagem, o MNF é muito mais eficaz. Isto permite uma deteção mais precisa e a eliminação de componentes ruidosos, bem como a preservação de componentes que se pensa conterem informações úteis.

5.2.2 Redes Adversariais Generativas (GAN)

O GAN produziu bons resultados em vários domínios, como a desratização e a super-resolução, utilizando um discriminador e um gerador. A maioria destas aplicações utiliza o GAN para gerar imagens que são semelhantes a amostras de imagens do mundo real.

A função de transformar imagens de uma cena para outra é referida como tradução de imagem para imagem baseada em GAN. Para efetuar a tradução imagem-a-imagem, o Pix2pix utiliza imagens acopladas para monitorização. No entanto, como o carro se move demasiado para recolher imagens de trânsito, é difícil recolher pares de imagens nocturnas e diurnas num local fixo. O CycleGAN é inicialmente apresentado com uma perda de consistência de ciclo, a fim de efetuar a tradução de imagens em imagens não emparelhadas para resolver a dificuldade de introduzir imagens emparelhadas de dia e de noite. A transformação das características das imagens numa imagem é conseguida através da tradução de imagens. Por exemplo, quando uma imagem é convertida de noite para dia, o brilho do fundo da imagem aumenta, facilitando a deteção de automóveis.

5.3 Metodologia

As duas partes da estrutura concetual dos novos métodos são apresentadas na Figura 5.1. As características espaciais e espectrais são extraídas na primeira parte utilizando a Fração Mínima de Ruído (MNF). Como resultado, os Cycle-GANs são utilizados para o espaço de características de classificação do método de semi-supervisão, tirando o máximo partido das amostras com um número limitado de etiquetas e um número suficiente de amostras sem etiquetas. O mapa de classificação é uma representação visual dos resultados de classificação de diferentes amostras.

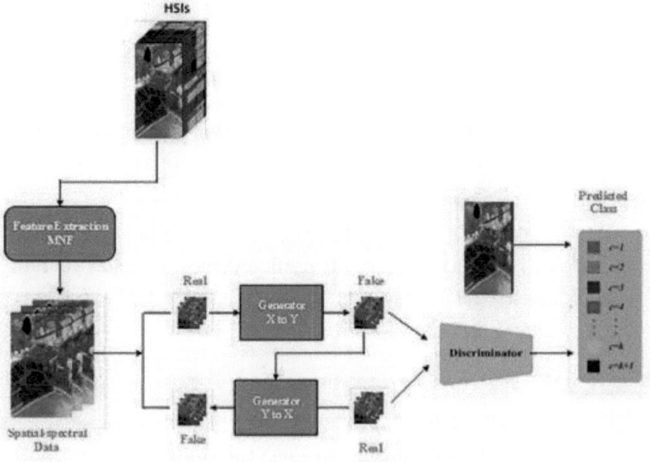

Fig. 5.1 Metodologia proposta

5.3.1 Extração de características

A extração de características é o processo de extração de informação comum de uma classe de informação. Uma vez que as características são os elementos necessários de qualquer conjunto de dados, a extração de características é essencial no processo de aprendizagem. A extração de características para a classificação HIS pode ser dividida em duas fases. Os dois métodos são a extração de características espaciais e a extração de características espectrais. A caraterística espacial-espetral é extraída utilizando a transformada MNF.

A transformação MNF é utilizada para remover as correlações entre bandas ou para reduzir o ruído dos dados. Tomando a matriz original $X \in R^{MXN}$ dados espectrais e a matriz de transformação $W \in R^{dXM}$ o número de bandas HSI é denotado como M, N, em que M, N é o número de píxeis HSI, e o tamanho dos dados de uma nova dimensão é denotado como d. A matriz de extração de características de MNF $Y \in R^{dXN}$ pode ser matematicamente representada e dada na Equação 5.3

$$Y = W^T X \qquad (5.3)$$

Aqui, a matriz de dados original é 'X', S é a parte do sinal e N é a parte do ruído aditivo e é representada como se mostra na Equação 5.4:

$$X = S + N \qquad (5.4)$$

Consequentemente, a matriz de covariância "X" é igual à soma das matrizes do ruído e do sinal e é designada da seguinte forma

$$\sum X = \sum S + \sum N \qquad (5.5)$$

Onde N é a covariância do ruído e S é a covariância do sinal. Objectivos do MNF são para criar novas características (Y) que podem ser classificadas pela sua SNR, como uma transformação linear. O cálculo é efectuado da seguinte forma:

$$argmax_W \frac{W^T \sum xW}{W^T \sum NW} - 1 \qquad (5.6)$$

W deve ser constituído pelos vectores próprios ligados aos valores próprios classificados de $\sum X$. MAF (fator de auto-correlação mínima/máxima) é utilizado para calcular a covariância do ruído $\sum N$ neste trabalho de investigação. Este método envolve duas fases. Em primeiro lugar, são geradas imagens com ruído a partir de cada banda de HSI, como se mostra a seguir:

$$Noise\ image = x_{(i,j,k)} - x_{(i+\Delta 1, j+\Delta 2, k)} \qquad (5.7)$$

Como se mostra na Equação 5.7, k denota a banda espetral k^{th} da imagem de HSI em 'i' e 'j'. i e j representam as linhas e colunas de pixéis. Os desfasamentos espaciais Д1 e Д2 ao longo de cada eixo de coordenadas são geralmente assumidos como sendo 1. De acordo com a Equação 5.8, calculamos a covariância do ruído $\sum N$

$$\sum N = 0.5(Noise\ image) \qquad (5.8)$$

Os filtros podem ser aplicados à largura de banda que tem o menor nível de ruído, o que elimina efetivamente o ruído dos dados, que são então transmitidos de volta ao seu sistema de coordenadas original. Diz-se que a MNF é uma transformação linear.

5.3.2 Classificação

Tradicionalmente, a exatidão de um classificador é determinada pelo número de amostras de treino. Como resultado, o aumento do número de amostras de treino rotuladas melhora o desempenho do classificador. Embora seja difícil recuperar e rotular amostras neste sítio. Na imagiologia hiperespectral, as amostras espectrais são constituídas por uma combinação de assinaturas puras e impuras, sendo que as assinaturas impuras contêm mais amostras (HSI). Como resultado, os dados de treino são mal rotulados nas amostras das assinaturas mistas. É simples criar novas amostras de treino com SSL, combinando algumas amostras de treino previamente rotuladas. As técnicas SSL não resolvem o problema da rotulagem incorrecta, mas podem ajudar a aumentar o número de amostras corretamente rotuladas. Na maioria dos casos, o número de taxas de amostras incorretamente rotuladas nos dados de treino pode ser reduzido desta forma. O Cycle-GAN é utilizado para classificar as características extraídas. As principais vantagens deste método são a fraca supervisão e o facto de não necessitar de imagens emparelhadas. A transformação da classe A noutro domínio para gerar a classe A1 é um componente-chave do Cycle-GAN e, em seguida, a conversão de A1 novamente em A, em que A1 representa uma correspondência entre a classe de entrada A e a imagem de saída "A1". Sem emparelhamento, o cycle-GAN tem a vantagem de treinar o par de duas classes.

5.3.3 Cycle-GAN para aprendizagem semi-supervisionada

Uma tarefa de Aprendizagem Supervisionada executa normalmente uma tarefa de Aprendizagem Não Supervisionada. Há alguns casos em que não existem amostras de treino suficientes. Além disso, a incorporação de novas amostras de formação pode ser difícil. A Aprendizagem Semi-Supervisionada (SSL), como já foi dito, é um sistema de aprendizagem que pode aprender com uma quantidade mínima de dados de treino, fazendo a ponte entre a Aprendizagem Não-Supervisionada e a Aprendizagem Supervisionada. Um exemplo de geração de N classes ilustra como a SSL pode ser aplicada ao GAN. O discriminador é alargado a N + 1 outputs, incluindo informação sobre a sua classificação e um termo que significa a sua origem. A geração de amostras do GAN é mais transparente do que o GAN convencional. No método proposto, a SSL é aplicada ao Cycle-GAN, o que implica que tanto as amostras rotuladas como as não rotuladas são treinadas.

O Cycle-GAN é um modelo de mapeamento para os domínios X e Y. São utilizados dois GANs no Cycle-GAN: dois geradores e dois discriminadores. Os geradores consistem em GX *para* Y e GY *para X* como mapeamento para cada domínio. Os discriminadores consistem em DX e DY como identificação de cada domínio. Para o mapeamento de X *para* Y, o objetivo de $GXtoY$ é permitir que DY identifique que os dados de tradução $GXtoY$ (x) foram amostrados a partir do domínio Y. $GXtoY$ destina-se a determinar se a amostra de entrada veio do domínio Y ou foi traduzida por DY. Da mesma forma, o mapeamento de Y para X é exato. As amostras são criadas por geradores com base em distribuições desejadas, ou seja, replicando a distribuição esperada. O discriminador é utilizado para distinguir as amostras reais das geradas pelo gerador. As redes (gerador e discriminador) são treinadas ao mesmo tempo até o gerador gerar amostras tão realistas que o discriminador não consegue distinguir entre amostras reais e falsas. Esta fase é designada por equilíbrio. Quando o modelo atinge esta fase de equilíbrio, pára automaticamente o treino. A amostra de entrada é passada para o codificador na primeira etapa. É comprimida para representar cada amostra utilizando convoluções, e é extraída uma caraterística da amostra da imagem de entrada. A representação de 1/4 do tamanho real da amostra é reduzida pelo codificador que tem três convoluções. Uma amostra de entrada de tamanhos 27, 27, 3 resultará numa saída do codificador de 3, 3 e 27. Na secção do transformador, a saída do codificador será activada após a aplicação da função de ativação. Os transformadores contêm geralmente 6/9 blocos residuais com base no seu tamanho de entrada. As saídas dos transformadores são utilizadas como entradas do descodificador. Para aumentar o tamanho da representação, são utilizados dois blocos de deconvolução de fração de cadeia.

5.3.3.1 Funções de perda

O CycleGAN tem duas funções de perda: Perda Adversária ($Ladv$) e Perda de Consistência de Ciclo ($Lcyc$). A função de perda é minimizada pelos geradores. As funções de perda são maximizadas pelos discriminadores.

$$L(G_{XtoY}, G_{YtoX}, D_X, D_Y) = L_{adv}(G_{XtoY}, G_{YtoX}, D_X, D_Y) + \lambda L_{cyc}(G_{XtoY}, G_{YtoX}) \quad (5.9)$$

Tomando λ como o peso para $L_{cyc}.$ As funções de perda são descritas da seguinte forma. O GAN utiliza a Perda Adversarial como função de perda. A distância entre as distribuições de probabilidade é expressa aqui. Existem dois termos, um mapeamento do domínio X para o domínio Y e um mapeamento do domínio Y para o domínio X.

$$L_{GAN}(G, D_Y, X, Y) = E_y \sim_{pdata} (y)[log D_Y(y)] + E_x \sim_{pdata} (x)[log 1 - D_Y(G(x))] \quad (5.10)$$

Onde X e y são dados de pares de y e x, respetivamente. Ou seja, $X = y$, $y = x$. A aprendizagem com dados não emparelhados é efectuada com a função de perda convencional. O método proposto resulta na seguinte função de perda

$$L(G_{XtoY}, G_{YtoX}, D_X, D_Y) = \begin{cases} kL_{sv}(G_{XtoY}, G_{YtoX}), & real\ sample \\ L_{adv}(G_{XtoY}, D_Y) + L_{adv}(G_{YtoX}, D_X) & \\ +L_{cyc}(G_{XtoY}, G_{YtoX}) & otherwise \end{cases}$$

$$(5.11)$$

Em que k é o peso de $Ladv$.

5.4 Resultados da simulação e discussão

O objetivo desta secção é avaliar o desempenho do método proposto em três conjuntos de dados HSI de referência. Nos resultados desta simulação, é efectuada a comparação do método proposto com outros métodos existentes, tais como 2D-CNN, 3D-CNN, SVM e SSUN. O desempenho da nossa técnica é então avaliado para uma variedade de parâmetros.

5.4.1 Descrição experimental do conjunto de dados

A avaliação do modelo concebido nesta investigação é efectuada com base nas abordagens existentes, utilizando os três conjuntos de dados hiperespectrais. Estes incluem (PU) Pavia University (SA) Salinas, e (IP) Indian pines, que são obtidos no sítio Web http://www.ehu.eus/ccwintco/index.php.

Neste conjunto de dados, os sensores AVIRIS são utilizados para recolher dados do local de ensaio IP. As imagens espectrais dos pinheiros indianos têm uma dimensão de 145 x 145 píxeis. Entre 0,4 e 2,5 m, o sensor registou 224 bandas espectrais. Algumas das 224 bandas registam uma absorção total de água. Depois de remover as bandas que absorvem água, são utilizadas 200 bandas nas experiências. Foi identificado um total de 16 rótulos de classe no conjunto de dados IP. A imagem PU é captada utilizando sensores ópticos ROSIS-03 na gama de comprimentos de onda de 0,43 a 0,86 /ни. Este conjunto de dados HSI é composto por 104 imagens espectrais com um tamanho de 610 x 340 e uma resolução geométrica de 1,3 m. A imagem da verdade terrestre está dividida em nove classes. O sensor AVIRIS foi utilizado para captar o conjunto de dados da cena de Salinas na zona do Vale de Salinas, na Califórnia. A área de absorção de água de 20 bandas do conjunto de dados do pinheiro indiano foi destacada, pelo que apenas 204 das 224 bandas originais foram utilizadas nesta experiência. Cada dado espetral tem uma resolução de 3,7 m e uma resolução espacial de 512 x 214 com rótulos de verdade de 16 classes.

5.4.2 Instalação experimental

Os métodos de aprendizagem profunda são normalmente muito parametrizados, pelo que são necessárias muitas amostras de treino para garantir a exatidão. Para todas as experiências, os valores de k e A baseiam-se no desempenho médio do conjunto de validação retido no HSI. Para treinar o CycleGAN

Tabela 5.1 Inicialização dos parâmetros do CycleGAN

S.N.	Parâmetros	Valor
1	Tamanho da imagem	145x145
2	Lote	1
3	Taxa de aprendizagem	1x10-4
4	Tamanho da piscina	50
5	λ	27
6	k	10

A inicialização dos parâmetros da rede é apresentada na Tabela 5.1. Com um tamanho de lote de 1, os modelos foram treinados, 200 épocas de treino e a otimização Adam é utilizada para afinar os parâmetros com uma taxa de aprendizagem de 0,0001. Uma vez que os dados da verdade terrestre foram capturados no campo de observação, as imagens hiperespectrais foram utilizadas para a classificação pixel a pixel. Nesta investigação, é utilizada a linguagem Python para a implementação. A técnica proposta está relacionada com as técnicas SVM, 3D-CNN, 2D-CNN e SSUN existentes para vários parâmetros. Uma amostra de treino ou de teste é um pixel, que, nesta experiência, tem uma dimensão de 1 x b. Cada pixel é transportado como uma caraterística de classe específica e classificado pelo discriminador cycle-GANs ou por vários classificadores. Cada pixel especifica uma etiqueta distinta. O cubo inteiro é composto por muitos pixéis e etiquetas. Todos os conjuntos de dados HSI estão estruturados entre 0 e 1 no início das experiências. Cada experiência é efectuada nos conjuntos de dados hiperespectrais normalizados e os dados disponíveis são divididos em duas categorias: 60% para treino de amostras e 40% para teste de amostras. Em cada conjunto de dados são utilizadas apenas algumas imagens rotuladas, sendo 5 amostras para cada classe seleccionadas aleatoriamente das amostras de treino como amostras rotuladas e as restantes utilizadas como amostras não rotuladas. As precisões médias são declaradas e as experiências são repetidas dez vezes utilizando uma seleção aleatória nos conjuntos de treino e de teste. Os métodos utilizados para estimar os resultados das experiências quantitativas através de três índices populares, OA, AA e K, são comparados.

5.4.3 Parâmetros de avaliação

Os parâmetros (AA) Exatidão média, (K) Estatística Kappa e (OA) Exatidão global foram utilizados para comparar a classificação da metodologia proposta com os métodos existentes mais avançados. A OA é calculada dividindo a proporção de amostras corretamente identificadas pelo número total de amostras de teste. Trata-se de uma matriz quadrada de dimensão $C \times C$, em que C representa a coleção de etiquetas de classe do conjunto de dados. A fórmula para calcular o OA a partir de uma matriz de confusão é a seguinte

$$OA = \sum_{i=1}^{C} \frac{t_{ii}}{t} \qquad (5.12)$$

O conjunto de amostras de classe i identificadas com sucesso é designado por t_{ii}, enquanto o total de amostras de teste é designado por t. Os elementos diagonais da matriz de confusão são utilizados para calcular t_{ii}. Precisão média: A média da precisão por classe é designada por AA e a matriz de confusão é utilizada para determinar a precisão de cada classe:

$$CA_i = \frac{t_{ii}}{\sum_{j=1}^{C} t_{ij}} \qquad (5.13)$$

Na classe i, representa a exatidão por classe e o número de amostras da classe i classificadas na classe j é denotado por i.e., CA é a diferença entre o conjunto total de amostras de teste na mesma classe e a fração de amostras corretamente classificadas para a classe i. A definição de exatidão média é

$$AA = \sum_{i=1}^{C} \frac{CA_i}{C} \qquad (5.14)$$

O total de linhas e colunas da matriz de confusão representa a probabilidade de concordância entre os resultados classificados e os resultados efectivos. A diferença entre estes dois números é a estatística kappa. O valor de K varia entre -1 e 1 e, à medida que K se aproxima de 1, a exatidão da classificação aumenta. A soma dos elementos das linhas é e na matriz de confusão para a classe i, é a adição dos elementos das colunas ( ). O valor de K é determinado como

$$K = \frac{t \sum_{i=1}^{C} t_{ii} - \sum_{i=1}^{C} t_{i+} t_{+i}}{n^2 - \sum_{i=1}^{C} t_{i+} t_{+i}} \qquad (5.15)$$

5.4.4 Análise dos resultados

Os dados hiperespectrais são melhorados através da aplicação da técnica de extração de características a cada conjunto de dados com base na classificação de objectos diferentes. A saída da banda espetral é utilizada no procedimento de classificação proposto, que se baseia no conceito de uma rede adversária. A precisão da fase de classificação é melhorada através da implementação de uma técnica de extração de características. O SVM é o algoritmo de classificação multiclasse mais conhecido. Apesar da sua sensibilidade limitada, o SVM tem uma elevada precisão de classificação. Para comparar os resultados, foi escolhido o SVM numa base radial. Em seguida, para a avaliação do desempenho, escolhemos uma rede neural convolucional 2D. O PCA é escolhido como um método de pré-processamento por um modelo 2D-CNN, que também escolhe o componente do primeiro princípio. Uma vez que os modelos de 2D-CNN extraem apenas características espaciais locais, a 3D-CNN escolheu um modelo de última geração diversificado para comparar com a técnica espacial-espetral de extração de características. Efectua uma convolução tridimensional e, assim, o modelo da 3D-CNN escolhe uma vizinhança de $K \times K \times B$ para cada pixel. Finalmente, escolhemos o SSUN como um dos modelos existentes para comparar resultados.

5.4.5 Estudo comparativo

Nesta secção, o método proposto (Cycle-GAN) é comparado com outras máquinas e métodos baseados em DL, tais como 2D-CNN, 3D-CNN, SVM e SSUN. A Figura 5.2, a Figura 5.4 e a Figura 5.6 mostram os resultados de classificação para OA, AA e coeficiente Kappa no conjunto de dados Indian pines (IP), Pavia (PV) e Salinas Scene (SS), respetivamente. Os resultados das experiências mostram que o método proposto extrai eficazmente as características do espetro espacial e tem uma melhor precisão de classificação para imagens hiperespectrais.

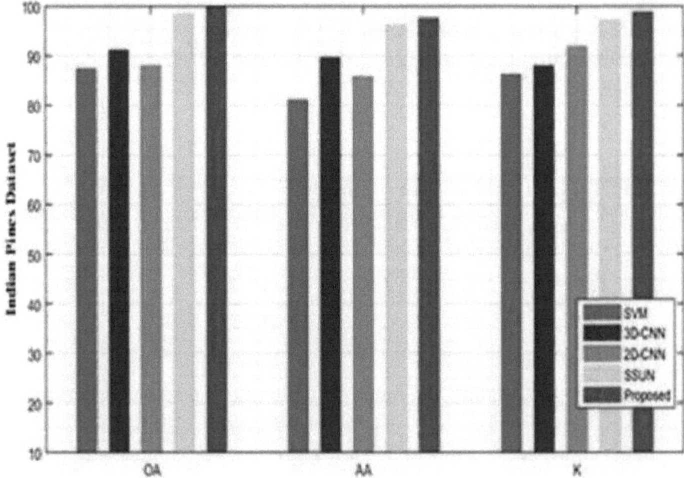

Fig. 5.2 Comparação dos resultados da classificação no conjunto de dados de pinheiros indianos.

No conjunto de dados IP, a Tabela 5.2 apresenta os valores obtidos de OA (precisão global), AA (precisão média) e K (Kappa) para SVM, 3D-CNN, 2D-CNN e SSUN, bem como para a técnica Cycle-GAN proposta. As taxas mínimas do coeficiente kappa K, AA e OA são superiores aos outros métodos de aprendizagem, e os valores de exatidão da abordagem de classificação Cycle-GAN desenvolvida são notáveis com base nos resultados obtidos. A exatidão do OA é de 99,80% para o Cycle-GAN, sendo de 98,4% para o SSUN, 87,99% para o 2D-CNN, 87,99% para o 3D-CNN e 87,93% para o SVM. O OA obtido pelo método Cycle-GAN está mais próximo do OA do SSUN. As taxas de precisão mais baixas são as do SVM, com uma precisão de OA de 87,93%. A Figura 5.3 ilustra o mapa de classificação e a verdade terrestre do conjunto de dados IPs. O mapa da abordagem proposta e a verdade terrestre são semelhantes, ou seja, a quantidade de erros de classificação é mínima.

A Tabela 5.3 apresenta as taxas de precisão para PU. Além disso, quando comparado com SVM, 3D-CNN, 2D-CNN, SSUN e Cycle-GAN, o Cycle-GAN proposto supera todos eles, com um OA de 99,54%. As taxas de precisão mais baixas são obtidas com o método 2D-CNN, que tem uma precisão de OA de 87,99%. A classificação do mapa do conjunto de dados da Universidade de Pavia (PU) é apresentada na Figura 5.5.

A Figura 5.7 demonstra o mapa de classificação para o conjunto de dados de Salinas. A Tabela 5.4 mostra os resultados da classificação para o conjunto de dados Salinas Scene. Além disso, pode ver-se que a abordagem proposta é mais eficiente do que outros métodos existentes em todos os casos de OA, AA e K.

Tabela 5.2 Parâmetros de avaliação Classificação dos conjuntos de dados Indian Pines utilizando vários métodos:

Métodos	Conjunto de dados de Indian Pines		
	Exatidão global (OA)	Precisão média (AA)	Estatística Kappa (K)
SVM	87.3	81.03	86.2
3D-CNN	91.1	89.58	87.98
2D-CNN	87.99	85.75	91.85
SSUN	98.4	96.23	97.14
Proposta	99.80	97.56	98.72

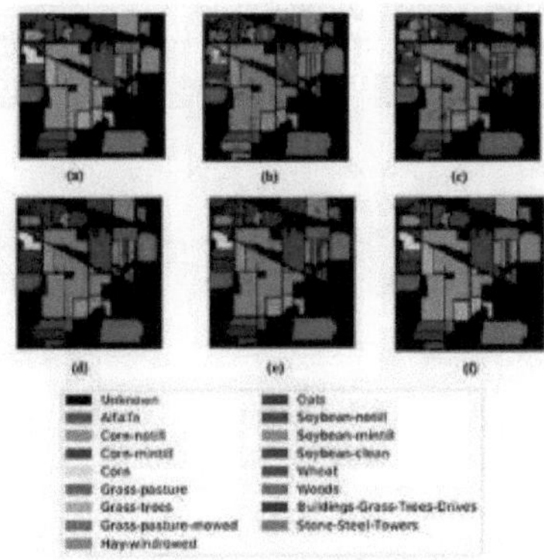

Fig. 5.3 mapa de classificação do conjunto de dados Indian Pines (a) Verdadeiro terreno (b) SVM (c) 2D-CNN (d) 3D-CNN (rede neural de convolução), (e) SSUN (f) Proposta e (g) legenda

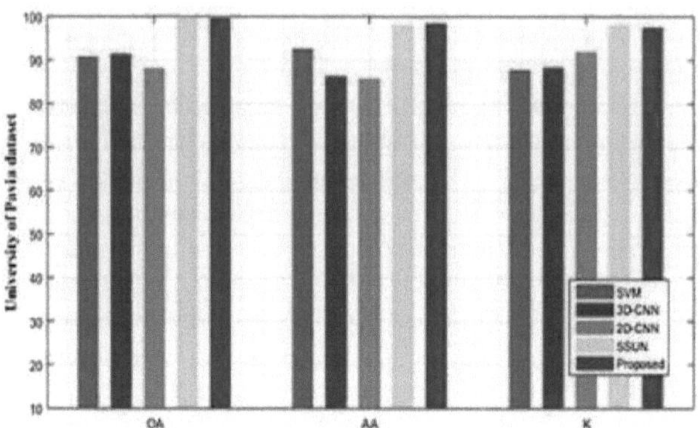

Fig. 5.4 Resultados da comparação da classificação no conjunto de dados Pavia.

O OA da abordagem proposta é de 98,57%, o AA é de 99,88% e o K é de 99,57%. Os resultados obtidos

A exatidão global do OA com o Cycle-GAN é de 98,57%, o que está mais próximo do SSUN.

Outro parâmetro

Tabela 5.3 : Classificação da avaliação dos parâmetros para os conjuntos de dados da Universidade de Pavia utilizando diferentes métodos

Métodos	Conjunto de dados da Universidade de Pavia		
	Exatidão global (OA)	Precisão média (AA)	Estatística Kappa (K)
SVM	90.71	92.55	87.71
3D-CNN	91.3	86.19	88.21
2D-CNN	87.99	85.75	91.85
SSUN	99.46	98.03 9	8.04
Proposta	99.54	98.32	97.42

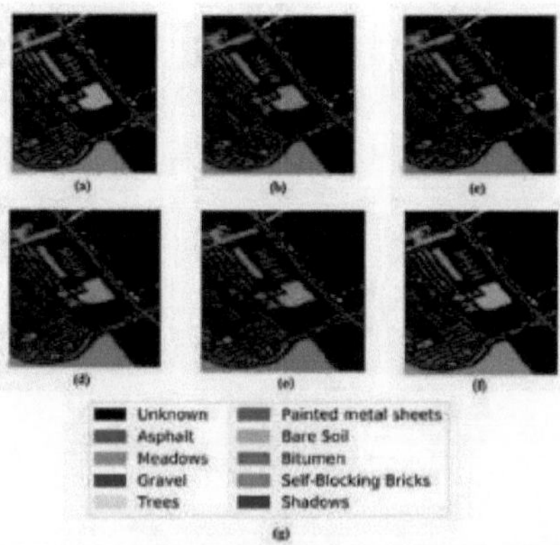

Fig. 5.5 Mapa de classificação do conjunto de dados Pavia (a) Verdadeira terra (b) SVM (support vetor machine) (c) 2D- CNN, (d) SSUN, (e) 3D-CNN (f) Proposta e (g) legenda

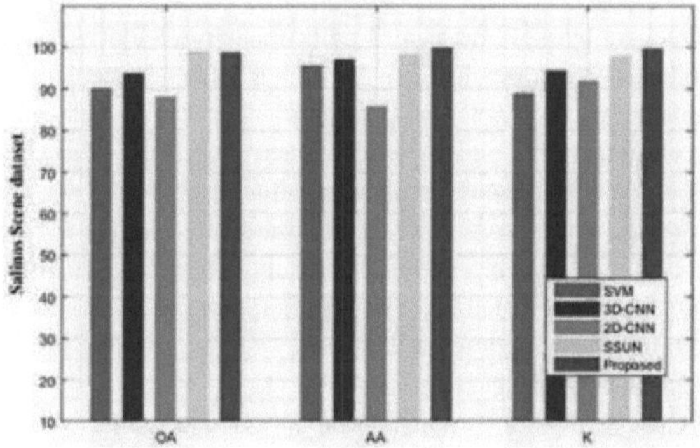

Fig. 5.6 Resultados da comparação da classificação no conjunto de dados Salinas Scene

Tabela 5.4 Parâmetros de avaliação da classificação dos conjuntos de dados da Cena de Salinas utilizando vários métodos:

Métodos	Conjunto de dados Salinas Scene		
	Exatidão global (OA)	Precisão média (AA)	Estatística Kappa (K)
SVM	90	95.52	88.82
3D-CNN	93.59	96.99	94.26
2D-CNN	87.99	85.75	91.85
SSUN	98.82	98.21	97.75
Proposta	98.57	99.88	99.57

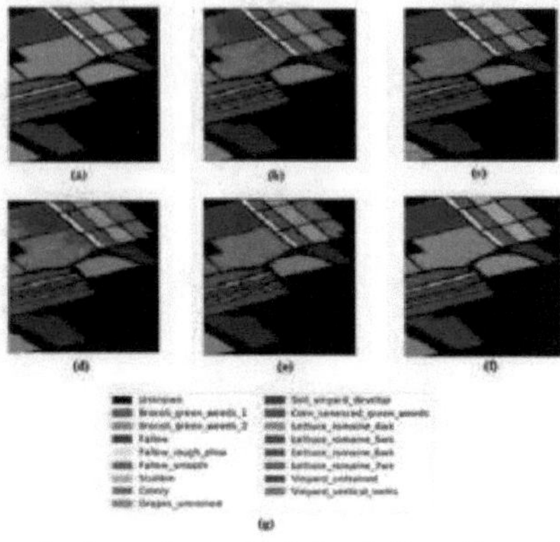

Fig. 5.7 Mapa de classificação do conjunto de dados Salinas Scene (a) Verdade terrestre, (b) SVM, (c) 2D-CNN, (d) SSUN, (e) 3D-CNN (f) Proposta e (g) legenda

O fator utilizado para a comparação da técnica proposta com o método existente é o tempo de execução. Os modelos de aprendizagem profunda são concebidos para reduzir a complexidade computacional. A técnica proposta reduz os cálculos, reduzindo assim o tempo de formação para a classificação e a extração de características. A Tabela 5.5 ilustra o tempo de formação e o tempo de teste para as técnicas existentes e propostas nos conjuntos de dados de SA, IP e PU. O tempo de treino é medido em termos de minutos e o tempo de teste em segundos. As figuras 5.8 a 5.10 representam o tempo de teste e de formação da técnica proposta em comparação com os métodos existentes, apesar de calcularem a classificação da imagem hiperespectral a partir do conjunto de dados.

5.5 Análise dos parâmetros do ciclo GAN

A e k são os parâmetros do cGAN. O tamanho de entrada das manchas espaciais é denotado por A, que está definido para as abordagens actuais. Os intervalos actualizados dos geradores G1 e G2 em relação ao discriminador D são representados por k. Está definido para a técnica existente. k controla o equilíbrio entre geradores e discriminadores. O CycleGAN não extrai informações suficientes sobre a distribuição espacial do HSI quando A é demasiado pequeno. Em contrapartida, se A for demasiado grande, o Cycle GAN

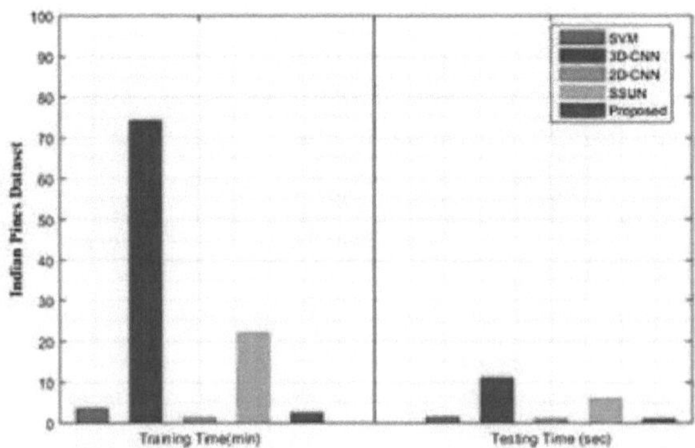

Fig. 5.8 Tempo de teste e de treino no conjunto de dados IP

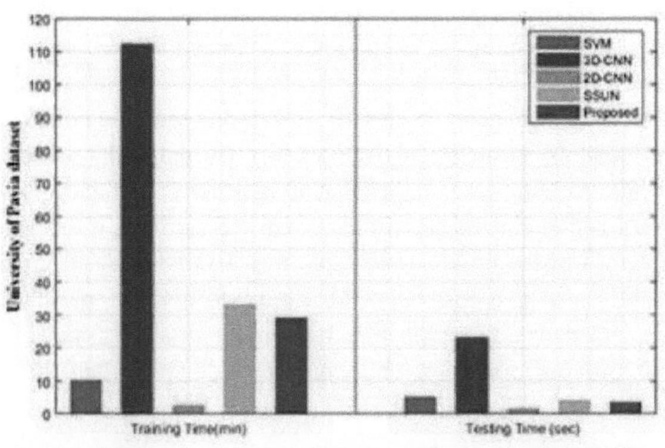

Fig. 5.9 Tempo de teste e treino no conjunto de dados UP

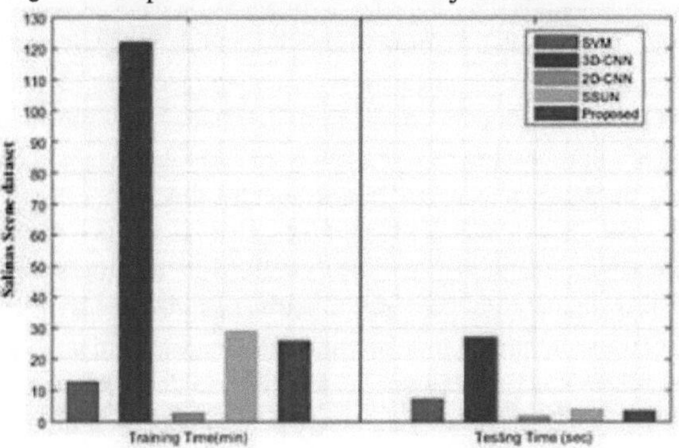

Fig. 5.10 Tempo de teste e treino no conjunto de dados SS

Tabela 5.5 Tempo de treino (min) e teste (seg) para os conjuntos de dados IP, PU e SS para várias técnicas de classificação HSI

Métodos	Conjunto de dados de Indian Pines		Conjunto de dados da Universidade de Pavia		Conjunto de Cena dados de Salinas	
	Duração da formação	Duração dos ensaios	Duração da formação	Duração dos ensaios	Duração da formação	Duração dos ensaios
SVM	3.5	1.5	10.2	5.1	12.7	7.2
3D-CNN	74.24	11	112.32	23.12	122.15	27
2D-CNN	1.27	1	2.5	1.3	2.7	1.7
SSUN	22.1	6	33.12	4	29.12	4
Proposta	20.5	5.1	29.12	3.5	25.9	3.5

pode não ser capaz de representar as amostras com exatidão. Finalmente, 27 é selecionado para *A* entre os três conjuntos de dados hiperespectrais. Quando k é igual a 13 ou 10, os resultados de OA dos três conjuntos de dados atingem os valores máximos. k é escolhido como 10, na experiência.

Em termos de factores de avaliação da classificação e do tempo de computação, a arquitetura concebida supera todas as estratégias existentes e o seu mapa de classificação é altamente comparável à verdade terrestre com muito poucos erros de classificação. Além disso, quando comparado com outros métodos de classificação espetro-espacial, o método proposto tem um melhor desempenho e fornece uma classificação muito satisfatória, de acordo com a análise comparativa. Como resultado, é possível preservar a informação espacial e espetral enquanto se reduz o tamanho dos dados hiperespectrais para melhorar a precisão da classificação. Além disso, o ciclo-GAN proposto não é supremo em termos de tempo de computação, o tempo de processamento ainda é competitivo com vários outros métodos de classificação.

Resumo

Muitas aplicações dependem da classificação de imagens de deteção remota. Inclui a deteção de desastres naturais, a gestão de coberturas e a utilização de recursos terrestres, entre outras. Como resultado, é proposta a classificação da arquitetura cycle-GAN. São utilizados três conjuntos de dados de referência para comparar os resultados experimentais com os métodos existentes. A arquitetura proposta centra-se na classificação de imagens hiperespectrais (HSI) a partir de imagens de deteção remota. Os coeficientes OA, AA e Kappa aumentaram em graus variáveis nos conjuntos de dados Indian Pines, Salinas Scene e Pavia University. Além disso, o cycle-GAN não é o melhor em termos de velocidade de processamento e o seu tempo de computação ainda é competitivo com muitos outros métodos de classificação. Considera-se a hipótese de melhorar a estrutura da rede no futuro. Neste estudo, o método proposto também gera imagens sem utilizar etiquetas e as suas categorias são desconhecidas. Como resultado, a capacidade de cada categoria para extrair características melhorou uniformemente.

CONCLUSÃO E TRABALHO FUTURO

6.1 Conclusão

Em vários aspectos, a deteção remota tem um impacto e melhora a nossa vida quotidiana. As várias tecnologias de recolha de dados utilizadas nesta disciplina fornecem uma quantidade significativa de conhecimentos sobre coisas e fenómenos na Terra que dificilmente seriam obtidos de outra forma. Nas últimas décadas, um grande número de estudos tem-se centrado na interpretação eficaz da informação recolhida através da teledeteção, de modo a maximizar o retorno científico, permitindo a continuação e o avanço desta área.

Com o aparecimento de várias plataformas aéreas e espaciais equipadas com poderosos sensores hiperespectrais, a classificação de imagens hiperespectrais está a tornar-se um tema de interesse crescente em aplicações de deteção remota e domínios relacionados. Como resultado, foram apresentadas nesta tese novas técnicas e procedimentos para a classificação de dados de imagens hiperespectrais aéreas. O objetivo desta investigação foi reconhecer e determinar os diferentes objectos que caracterizam uma ROI específica num conjunto de dados de imagens hiperespectrais. O método de classificação baseado no espetro-espacial recebeu a maior atenção devido à necessidade de aproveitar a rica informação espacial e espetral para construir um sistema de classificação eficiente para imagens hiperespectrais. Dois tipos de procedimentos de classificação utilizando vários classificadores foram apresentados e avaliados empiricamente neste estudo, com ambos a apresentarem um bom desempenho em termos de todas as métricas, especialmente a precisão global da classificação e o tempo de computação.

No primeiro trabalho, é proposta uma arquitetura baseada em DL denominada DALF. A estrutura tira partido da estrutura GAN. A arquitetura GAN foi utilizada em diferentes aplicações de visão computacional desde a sua introdução em [31]. Nesta investigação, utilizamos a CNN como gerador e esta fornece pontos de dados que estão ligados à distribuição subjacente. Para prever a distribuição, o gerador é treinado para aplicar uma função de objetivo adversária. Esta função é obtida através da ativação da rede discriminadora. Para aumentar o desempenho na classificação HSI, tanto o discriminador como o gerador formam um jogo não cooperativo. O GAN proposto inclui ainda um módulo de classificação que utiliza dados de espectros de treino (com rótulo de classe) para classificar amostras de HSI. A funcionalidade do quadro proposto é orientada por um algoritmo conhecido como Abordagem Híbrida Baseada em Modelos Generativos para Classificação de HSI (GMHA-HSIC). A síntese e a rotulagem de espectros numa base regular são fundamentais para a eficácia da classificação incorrecta do DALF. Na arquitetura proposta é utilizado um autoencoder. Trata-se de uma técnica de redução da dimensionalidade baseada numa aprendizagem não supervisionada. O resultado experimental demonstrou que a arquitetura proposta, para além de ter uma abordagem eficiente de aumento de dados, tem a capacidade de fazer avançar o estado da arte. Uma banda mais informativa, conhecida como componente principal (PC), é recuperada utilizando a análise de componentes principais (PCA) como método de extração de características no segundo estudo. O componente fundamental é fragmentado em componentes hierárquicos não destrutivos denominados BIMFs e método de processamento de sinal BEMD. Devido ao processo de seleção, estas BIMFs são não-estacionárias e não-lineares. As aplicações de processamento de imagem e de deteção remota tiram partido da BEMD. As BIMFs representam as características locais da imagem. As máquinas de vectores de apoio recebem FMIs adicionais, bem como a imagem de resíduos para classificação. A BEMD tem um tempo de computação reduzido. Os patches de amostra derivados são sobreamostrados para as classes fracas para acomodar os conjuntos de dados hiperespectrais desequilibrados. Os resultados experimentais mostram que o método de abordagem PCA-BEMD-RESNET proposto é eficaz. As experiências com conjuntos de dados de imagens hiperespectrais descarregadas foram realizadas num ambiente de nuvem. Nos conjuntos de dados dos pinheiros indianos e da universidade de Pavia, o modelo proposto tem a maior precisão.

As características espectrais e espaciais podem ser extraídas na primeira parte do terceiro esforço, utilizando a fração mínima de ruído (MNF). Como resultado, os Cycle-GANs são utilizados para o espaço de características de classificação da abordagem de semi-supervisão, tirando o máximo partido de dados rotulados limitados e de dados não rotulados suficientes. O mapa de classificação é uma representação visual dos resultados da classificação para várias amostras. Testámos a abordagem proposta contra vários algoritmos topo de gama, incluindo 3D-CNN, SVM, SSUN e 2D-CNN. O desempenho da nossa técnica é então avaliado para uma variedade de parâmetros. O desempenho da abordagem proposta nesta investigação é avaliado utilizando os métodos mais avançados que empregam os três conjuntos de dados hiperespectrais. Estes incluem a Universidade de Pavia (PU), Salinas (SA) e pinheiros indianos (IP). Os resultados demonstram que o método proposto é mais eficaz na classificação de HIS.

6.2 Trabalhos futuros

A otimização da rede continua a ser um assunto difícil de resolver em geral. Ao construir uma rede melhor para a classificação de HSI no futuro, as propriedades específicas de HIS devem ser devidamente consideradas, tanto quanto necessário.

Salinas Pavia, University, Pavia Centre e Indian Pines foram os conjuntos de dados mais utilizados. Para avaliar e comparar as novas metodologias, são necessários conjuntos de dados novos e complexos. Os dados RS são mais sofisticados do que as imagens naturais e são normalmente recolhidos em porções que utilizam uma vasta gama de sensores remotos. Como resultado, descobrir onde incorporar a TL na classificação de imagens de RS é uma tarefa importante que necessitará de uma quantidade significativa de investigação adicional.

A exatidão da classificação da abordagem baseada no espaço espetral pode ser melhorada utilizando métodos estatísticos adequados para identificar bandas espectrais. Para além disso, tenta minimizar o tempo de computação e reunir uma série de outros métodos de máquina e DL de última geração.

Os diferentes formatos de dados exigem diferentes arquitecturas de sistemas de DL. Para incorporar componentes de software em sistemas DL prontos a utilizar, a ferramenta de biblioteca DL tem de ser desenvolvida com um grande conhecimento dos sistemas DL. Outras áreas dos algoritmos de gradiente descendente que precisam de ser normalizadas incluem a taxa de aprendizagem óptima, os ajustes da programação da taxa de aprendizagem para um desempenho ótimo e as abordagens para eliminar o aprisionamento em mínimos locais e pontos de sela. As abordagens de DL desenvolvidas podem ser utilizadas em diferentes domínios, incluindo a silvicultura, a cobertura do solo, a agricultura e a utilização do solo, entre outros.

REFERÊNCIAS

Ahmad, M., Shabbir, S., Oliva, D., Mazzara, M. e Distefano, S. (2020), 'Spatial-prior generalized fuzziness extreme learning machine autoencoder-based active learning for hyperspectral image classification', *Optik* **206**, 163712.

Almezhghwi, K. e Serte, S. (2020), "Improved classification of white blood cells with the generative adversarial network and deep convolutional neural network", *Computational Intelligence and Neuroscience* **2020**.

Alotaibi, B. e Alotaibi, M. (2020), "A hybrid deep resnet and inception model for hyperspectral image classification", *PFG-Journal of Photogrammetry, Remote Sensing and Geoinformation Science* **88**(6), 463-476.

Appice, A., Guccione, P. e Malerba, D. (2017), 'A novel spectral-spatial co-training algorithm for the transductive classification of hyperspectral imagery data', *Pattern Recognition* **63**, 229-245.

Audebert, N., Le Saux, B. e Lefevre, S. (2018), Generative adversarial networks for realistic synthesis of hyperspectral samples, *em* 'IGARSS 2018-2018 IEEE International Geoscience and Remote Sensing Symposium', IEEE, pp. 4359-4362.

Aydemir, M. S. e Bilgin, G. (2019), 'Semisupervised hyperspectral image classification using deep features', *IEEE Journal of Selected Topics in Applied Earth Observations and Remote Sensing* **12**(9), 3615-3622.

Bajorski, P. (2009), On the reliability of pca for complex hyperspectral data, *em* '2009 First Workshop on Hyperspectral Image and Signal Processing: Evolution in Remote Sensing", IEEE, pp. 1-5.

Beirami, B. A. e Mokhtarzade, M. (2020), 'An automatic method for unsupervised feature selection of hyperspectral images based on fuzzy clustering of bands.', *Traitement du Signal* **37**(2).

Bo, C., Lu, H. e Wang, D. (2018), 'Spectral-spatial k-nearest neighbor approach for hyperspectral image classification', *Multimedia Tools and Applications* **77**(9), 10419-10436.

Boggavarapu, L. P. K. e Manoharan, P. (2020), 'A new framework for hyperspectral image classification using gabor embedded patch based convolution neural network', *Infrared Physics and Technology* **110**, 103455.

Cao, X., Yao, J., Xu, Z. e Meng, D. (2020), 'Hyperspectral image classification with convolutional neural network and active learning', *IEEE Transactions on Geoscience and Remote Sensing* **58**(7), 4604-4616.

Cao, X., Zhou, F., Xu, L., Meng, D., Xu, Z. e Paisley, J. (2018), 'Hyperspectral image classification with markov random fields and a convolutional neural network', *IEEE Transactions on image processing* **27**(5), 2354-2367.

Chatterjee, A., Saha, J., Mukherjee, J., Aikat, S. e Misra, A. (2020), 'Unsupervised land cover classification of hybrid and dual-polarized images using deep convolutional neural network', *IEEE Geoscience and Remote Sensing Letters* **18**(6), 969-973.

Chen, P.-Y. e Huang, J.-J. (2019), "A hybrid autoencoder network for unsupervised image clustering", *Algorithms* **12**(6), 122.

Chen, Y., Lin, Z., Zhao, X., Wang, G. e Gu, Y. (2014), 'Deep learning-based classification of hyperspectral data', *IEEE Journal of Selected topics in applied earth observations and remote sensing* **7**(6), 2094-2107.

Chunhui, Z., Bing, G., Lejun, Z. e Xiaoqing, W. (2018), 'Classification of hyperspectral imagery based on spectral gradient, svm and spatial random forest', *Infrared Physics and Technology* **95**, 61-69.

Cui, B., Xie, X., Hao, S., Cui, J. e Lu, Y. (2018), "Classificação semi-supervisionada de imagens hiper-espectrais com base na propagação de rótulos alargada e na filtragem de orientação de rolamento", *Sensoriamento Remoto* **10**(4), 515.

Deecke, L., Vandermeulen, R., Ruff, L., Mandt, S. e Kloft, M. (2018), Image anomaly detection with generative adversarial networks, *em* 'Joint european conference on machine learning and knowledge discovery in databases', Springer, pp. 3-17.

Deepa, P. e Thilagavathi, K. (2015), Extração de características de imagem hiperespectral usando análise de componentes principais e análise de componentes principais dobrados, *em* '2015 2nd International Conference on Electronics and Communication Systems (ICECS)', IEEE, pp. 656-660.

Demir, B. e Erturk, S. (2010), 'Empirical mode decomposition of hyperspectral images for support vetor machine classification', *IEEE Transactions on Geoscience and Remote Sensing* **48**(11), 4071-4084.

Deng, F., Pu, S., Chen, X., Shi, Y., Yuan, T. e Pu, S. (2018), 'Hyperspectral image classification with capsule network using limited training samples', *Sensors* **18**(9), 3153.

Dhandhalya, J. K. and Parmar, S. (2016), Hyperspectral image classification using spatial spectral features and machine learning approach, *in* '2016 IEEE International Conference on Recent Trends in Electronics, Information and Communication Technology (RTEICT)', IEEE, pp. 1161-1165.

Dongcui, H., Fuding, X., Jun, Y. e Yong, Z. (2018), 'Um método de classificação semi-supervisionada para imagens hiperespectrais com base em informações espaciais e otimização genética', *Bulletin of Surveying and Mapping* (10), 22.

Gao, H., Yao, D., Wang, M., Li, C., Liu, H., Hua, Z. e Wang, J. (2019), 'A hyperspectral image classification method based on multi-discriminator generative adversarial networks', *Sensors* **19**(15), 3269.

Gao, K., Liu, B., Yu, X., Qin, J., Zhang, P. e Tan, X. (2020), 'Deep relation network for hyperspectral image few-shot classification', *Remote Sensing* **12**(6), 923.

Gao, P., Wang, J., Zhang, H. e Li, Z. (2018), 'Boltzmann entropy-based unsupervised band selection for hyperspectral image classification', *IEEE Geoscience and Remote Sensing Letters* **16**(3), 462-466.

Garcia-Allende, P. B., Conde, O. M., Amado, M., Quintela, A. e Lopez-Higuera, J. M. (2008), Algoritmo de processamento de dados hiperespectrais que combina análise de componentes principais e k vizinhos mais próximos, *em* 'Algorithms and Technologies for Multispectral, Hyperspectral, and Ultraspectral Imagery XIV', Vol. 6966, SPIE, pp. 127-135.

Ghaderizadeh, S., Abbasi-Moghadam, D., Sharifi, A., Zhao, N. e Tariq, A. (2021), 'Hyperspectral image classification using a hybrid 3d-2d convolutional neural networks', *IEEE Journal of Selected Topics in Applied Earth Observations and Remote Sensing* **14**, 7570-7588.

Ghanbari, H., Homayouni, S., Safari, A. e Ghamisi, P. (2018), "Gaussian mixture model and markov random fields for hyperspectral image classification", *European Journal of Remote Sensing* **51**(1), 889-900.

Ghorbanian, A. e Mohammadzadeh, A. (2018), 'An unsupervised feature extraction method based on band correlation clustering for hyperspectral image classification using limited training samples', *Remote Sensing Letters* **9**(10), 982-991.

Goodfellow, I., Bengio, Y. e Courville, A. (2016), *Deep Learning*, MIT Press. http://www.deeplearningbook.org.

Goodfellow, I., Pouget-Abadie, J., Mirza, M., Xu, B., Warde-Farley, D., Ozair, S., Courville, A. e Bengio, Y. (2014), "Generative adversarial nets", *Advances in neural information processing systems* **27**.

Hanbay, K. (2020), "Hyperspectral image classification using convolutional neural network and two-dimensional complex gabor transform", *Journal of the Faculty of Engineering and Architecture of Gazi University* **35**(1), 443-456.

Hang, R., Liu, Q., Hong, D. e Ghamisi, P. (2019), 'Cascaded recurrent neural networks for hyperspectral image classification', *IEEE Transactions on Geoscience and Remote Sensing* **57**(8), 5384-5394.

Hao, S., Wang, W., Ye, Y., Li, E. e Bruzzone, L. (2018), 'A deep network architecture for super-resolution-aided hyperspectral image classification with classwise loss', *IEEE Transactions on Geoscience and Remote Sensing* **56**(8), 4650-4663.

Harikiran, J., Lakshmi, P. e Kumar, R. K. (2015), 'Multiple feature fuzzy c-means clustering algorithm for segmentation of microarray images', *International Journal of Electrical and Computer Engineering* **5**(5).

Haut, J. M., Paoletti, M. E., Plaza, J., Li, J. e Plaza, A. (2018), 'Aprendizagem ativa com redes neurais convolucionais para classificação de imagens hiperespectrais utilizando uma nova abordagem bayesiana', *IEEE Transactions on Geoscience and Remote Sensing* **56**(11), 6440-6461.

He, F., Wang, R. e Jia, W. (2020), 'Fast semi-supervised learning with anchor graph for large hyperspectral images', Pattern *Recognition Letters* **130**, 319-326.

He, N., Paoletti, M. E., Haut, J. M., Fang, L., Li, S., Plaza, A. e Plaza, J. (2018), 'Feature extraction with multiscale covariance maps for hyperspectral image classification', *IEEE Transactions on Geoscience and Remote Sensing* **57**(2), 755-769.

He, Z., Liu, H., Wang, Y. e Hu, J. (2017), 'Generative adversarial networks-based semisupervised learning for hyperspectral image classification', *Remote Sensing* **9**(10), 1042.

He, Z., Shen, Y., Wang, Q. e Wang, Y. (2014), 'Optimized ensemble emd-based spectral features for hyperspectral image classification', *IEEE Transactions on Instrumentation and Measurement* **63**(5), 1041-1056.

He, Z., Xia, K., Li, T., Zu, B., Yin, Z. e Zhang, J. (2021), 'A constrained graph-based semisupervised algorithm combined with particle cooperation and competition for hyperspectral image classification', *Remote Sensing* **13**(2), 193.

He, Z., Zhang, M., Shen, Y., Wang, Q., Wang, Y. e Yu, R. (2014), Hyperspectral image classification with multivariate empirical mode decomposition-based features, *em* '2014 IEEE International Instrumentation and Measurement Technology Conference (I2MTC) Proceedings', IEEE, pp. 999-1004.

Hinton, G. E. e Zemel, R. (1993), "Autoencoders, minimum description length and helmholtz free energy", *Advances in neural information processing systems* **6**.

Hu, W., Huang, Y., Wei, L., Zhang, F. e Li, H. (2015), 'Deep convolutional neural networks for hyperspectral image classification', *Journal of Sensors* **2015**.

Hu, Y., An, R., Wang, B., Xing, F. e Ju, F. (2020), 'Shape adaptive neighborhood information-based semi-supervised learning for hyperspectral image classification', *Remote Sensing* **12**(18), 2976.

Huang, B., Ge, L., Chen, G., Radenkovic, M., Wang, X., Duan, J. e Pan, Z. (2021), 'Nonlocal graph theory based transductive learning for hyperspectral image classification', *Pattern Recognition* **116**, 107967.

Huang, D., Yang, P., Li, J., Ma, C. *et al.* (2017), 'Remote sensing image fusion using bidimen- sional empirical mode decomposition and the least squares theory', *Journal of Computer and Communications* **5**(12), 35.

Huang, N. E., Shen, Z., Long, S. R., Wu, M. C., Shih, H. H., Zheng, Q., Yen, N.-C., Tung, C. C. e Liu, H. H. (1998), "The empirical mode decomposition and the hilbert spectrum for nonlinear and non-stationary time series analysis", *Proceedings of the Royal Society of London. Series A: mathematical, physical and engineering sciences* **454**(1971), 903-995.

Huang, S., Zhang, H. e Pizurica, A. (2019), 'Semisupervised sparse subspace clustering method with a joint sparsity constraint for hyperspectral remote sensing images', *IEEE Journal of Selected Topics in Applied Earth Observations and Remote Sensing* **12**(3), 989-999.

Hughes, G. (1968), "On the mean accuracy of statistical pattern recognizers", *IEEE transactions on information theory* **14**(1), 55-63.

Hwang, U., Jung, D. e Yoon, S. (2019), Hexagan: Generative adversarial nets for real world classification, *em* 'International Conference on Machine Learning', PMLR, pp. 2921-2930.

Ienco, D., Gaetano, R., Dupaquier, C. e Maurel, P. (2017), 'Land cover classification via multitemporal spatial data by deep recurrent neural networks', *IEEE Geoscience and Remote Sensing Letters* **14**(10), 1685-1689.

Ji, X., Cui, Y., Wang, H., Teng, L., Wang, L. e Wang, L. (2019), 'Semisupervised hyperspectral image classification using spatial-spectral information and landscape features', *IEEE Access* **7**, 146675-146692.

Jiang, R., Li, X., Gao, A., Li, L., Meng, H., Yue, S. e Zhang, L. (2019), Aprendizagem de características espectrais e espaciais com base em rede adversária generativa para super-resolução de imagens hiperespectrais, *em* 'IGARSS 2019-2019 IEEE International Geoscience and Remote Sensing Symposium', IEEE, pp. 3161-3164.

Jiang, T., Li, Y., Xie, W. e Du, Q. (2020), 'Discriminative reconstruction constrained generative adversarial network for hyperspectral anomaly detection', *IEEE Transactions on Geoscience and Remote Sensing* **58**(7), 4666-4679.

Jiang, Y., Li, Y. e Zhang, H. (2019), 'Hyperspectral image classification based on 3d separable resnet and transfer learning', *IEEE Geoscience and Remote Sensing Letters* **16**(12), 1949-1953.

Jolliffe, I. T. e Cadima, J. (2016), "Principal component analysis: a review and recent developments", *Philosophical Transactions of the Royal Society A: Mathematical, Physical and Engineering Sciences* **374**(2065), 20150202.

Kang, X., Xiang, X., Li, S. e Benediktsson, J. A. (2017), 'Pca-based edge-preserving features for hyperspectral image classification', *IEEE Transactions on Geoscience and Remote Sensing* **55**(12), 7140-7151.

Kang, X., Zhuo, B. e Duan, P. (2019), 'Semi-supervised deep learning for hyperspectral image classification', *Remote sensing letters* **10**(4), 353-362.

Kemker, R. e Kanan, C. (2017), 'Self-taught feature learning for hyperspectral image classification', *IEEE Transactions on Geoscience and Remote Sensing* **55**(5), 2693-2705.

Kemker, R., Luu, R. e Kanan, C. (2018), 'Low-shot learning for the semantic segmentation of remote sensing imagery', *IEEE Transactions on Geoscience and Remote Sensing* **56**(10),

6214-6223.

Khan, M. J., Khan, H. S., Yousaf, A., Khurshid, K. e Abbas, A. (2018), 'Modern trends in hyperspectral image analysis: Uma revisão", *Ieee Access* **6**, 14118-14129.

Kong, Y., Cheng, Y., Chen, C. P. e Wang, X. (2019), 'Hyperspectral image clustering based on unsupervised broad learning', *IEEE Geoscience and Remote Sensing Letters* **16**(11), 17411745.

Kong, Y., Wang, X., Cheng, Y. e Chen, C. (2018), 'Hyperspectral imagery classification based on semi-supervised broad learning system', *Remote Sensing* **10**(5), 685.

Kumar, R. K., Saichandana, B. e Srinivas, K. (2016), 'Dimensionality reduction and classification of hyperspectral images using genetic algorithm', *Indonesian Journal of Electrical Engineering and Computer Science* **3**(3), 503-511.

Lei, Z., Yi, Z., Peng, L. e Hui, S. (2020), Classificação semi-supervisionada de imagens hiperespectrais com base em dois autoencoder de ramo, *em* 'IOP Conference Series: Ciência da Terra e do Meio Ambiente', Vol. 502, IOP Publishing, p. 012014.

Li, C., Wang, Y., Zhang, X., Gao, H., Yang, Y. e Wang, J. (2019), 'Deep belief network for spectral-spatial classification of hyperspectral remote sensor data', *Sensors* **19**(1), 204.

Li, F., Clausi, D. A., Xu, L. e Wong, A. (2017), 'St-irgs: A region-based self-training algorithm applied to hyperspectral image classification and segmentation", *IEEE Transactions on Geoscience and Remote Sensing* **56**(1), 3-16.

Li, J., Liang, B. e Wang, Y. (2020), 'A hybrid neural network for hyperspectral image classification', *Remote Sensing Letters* **11**(1), 96-105.

Li, L., Wang, C., Li, W. e Chen, J. (2018), 'Hyperspectral image classification by adaboost weighted kernel extreme learning machines', *Neurocomputing* **275**, 1725-1733.

Li, R., Zheng, S., Duan, C., Yang, Y. e Wang, X. (2020), 'Classification of hyperspectral image based on double-branch dual-attention mechanism network', *Remote Sensing* **12**(3), 582.

Lin, D., Fu, K., Wang, Y., Xu, G. e Sun, X. (2017), 'Marta gans: Aprendizagem de representação não supervisionada para classificação de imagens de deteção remota", *IEEE Geoscience and Remote Sensing Letters* **14**(11), 2092-2096.

Linderhed, A. (2004), *Adaptive image compression with wavelet packets and empirical mode decomposition*, Citeseer.

Liu, B., Yu, X., Zhang, P., Tan, X., Wang, R. e Zhi, L. (2018), 'Spectral-spatial classification of hyperspectral image using three-dimensional convolution network', *Journal of Applied Remote Sensing* **12**(1), 016005.

Liu, B., Yu, X., Zhang, P., Tan, X., Yu, A. e Xue, Z. (2017), 'A semi-supervised convolutional neural network for hyperspectral image classification', *Remote Sensing Letters* **8**(9), 839-848.

Liu, B., Yu, X., Zhang, P., Yu, A., Fu, Q. e Wei, X. (2017), 'Supervised deep feature extraction for hyperspectral image classification', *IEEE Transactions on Geoscience and Remote Sensing* **56**(4), 1909-1921.

Liu, C., Li, J. e He, L. (2018), 'Superpixel-based semisupervised active learning for hyperspectral image classification', *IEEE Journal of Selected Topics in Applied Earth Observations and Remote Sensing* **12**(1), 357-370.

Liu, P., Zhang, H. e Eom, K. B. (2016), 'Active deep learning for classification of hyperspectral images', *IEEE Journal of Selected Topics in Applied Earth Observations and Remote Sensing* **10**(2), 712-724.

Liu, X., Qiao, Y., Xiong, Y., Cai, Z. e Liu, P. (2020), 'Cascade conditional generative adversarial nets for spatial-spectral hyperspectral sample generation', *Science China Information Sciences* **63**(4), 1-16.

Ma, Y., Liu, Z. e Chen Chen, C. (2021), 'Hybrid spatial-spectral feature in broad learning system for hyperspectral image classification', *Applied Intelligence* pp. 1-12.

Mardnez-UsOMartinez-Uso, A., Pla, F., Sotoca, J. M. e Garcia-Sevilla, P. (2007), 'Clustering-based hyperspectral band selection using information measures', *IEEE Transactions on Geoscience and Remote Sensing* **45**(12), 4158-4171.

Miyato, T., Kataoka, T., Koyama, M. e Yoshida, Y. (2018), 'Spectral normalization for generative adversarial networks', *arXiv preprint arXiv:1802.05957* .

Mohan, A. e Venkatesan, M. (2020), 'Hybridcnn based hyperspectral image classification using multiscale spatiospectral features', *Infrared Physics and Technology* **108**, 103326.

Mou, L., Ghamisi, P. e Zhu, X. X. (*2017a*), 'Deep recurrent neural networks for hyperspectral image classification', *IEEE Transactions on Geoscience and Remote Sensing* **55**(7), 36393655.

Mou, L., Ghamisi, P. e Zhu, X. X. (*2017b*), 'Unsupervised spectral-spatial feature learning via deep residual conv-deconv network for hyperspectral image classification', *IEEE Transactions on Geoscience and Remote Sensing* **56**(1), 391-406.

Mou, L., Lu, X., Li, X. e Zhu, X. X. (2020), 'Nonlocal graph convolutional networks for hyperspectral image classification', *IEEE Transactions on Geoscience and Remote Sensing* **58**(12), 8246-8257.

Okwuashi, O. e Ndehedehe, C. E. (2020), "Deep support vetor machine for hyperspectral image classification", *Pattern Recognition* **103**, 107298.

Pan, B., Shi, Z. e Xu, X. (2018), 'Mugnet: Deep learning for hyperspectral image classification using limited samples", *ISPRS Journal of Photogrammetry and Remote Sensing* **145**, 108119.

Pande, S., Banerjee, A., Kumar, S., Banerjee, B. e Chaudhuri, S. (2019), Uma abordagem adversarial para a destilação de modalidades discriminativas para classificação de imagens de deteção remota, *em* 'Proceedings of the IEEE/CVF International Conference on Computer Vision Workshops', pp. 0-0.

Pande, S. e Banerjee, B. (2021), "Adaptive hybrid attention network for hyperspectral image classification", Pattern *Recognition Letters* **144**, 6-12.

Paoletti, M., Haut, J., Plaza, J. e Plaza, A. (2018), 'A new deep convolutional neural network for fast hyperspectral image classification', *ISPRS journal of photogrammetry and remote sensing* **145**, 120-147.

Paoletti, M., Haut, J., Plaza, J. e Plaza, A. (2019), 'Classificadores de aprendizagem profunda para imagens hiperespecíficas: Uma revisão", *ISPRS Journal of Photogrammetry and Remote Sensing* **158**, 279317.

Paul, A., Bhoumik, S. e Chaki, N. (2021), "Ssnet: an improved deep hybrid network for hyperspectral image classification", *Neural Computing and Applications* **33**(5), 1575-1585.

Paulus, S. e Mahlein, A.-K. (2020), "Fluxos de trabalho técnicos para avaliação e processamento de imagens hiperespectrais de plantas em estufa e à escala laboratorial", *GigaScience* **9**(8), giaa090.

Phaneendra Kumar, B. L. e Manoharan, P. (2021), 'Whale optimization-based band selection technique for hyperspectral image classification', *International Journal of Remote Sensing* **42**(13), 5105-5143.

Qin, A., Shang, Z., Tian, J., Wang, Y., Zhang, T. e Tang, Y. Y. (2018), 'Spectral-spatial graph convolutional networks for semisupervised hyperspectral image classification', *IEEE Geoscience and Remote Sensing Letters* **16**(2), 241-245.

Radford, A., Metz, L. e Chintala, S. (2015), 'Unsupervised representation learning with deep convolutional generative adversarial networks', *arXiv preprint arXiv:1511.06434* .

Rajinikanth, C. e Lincon, S. A. (2019), 'Uma classificação de imagem hiperespectral (hsi) baseada em semi-supervisão usando abordagem de aprendizado de máquina', *International Journal of Recent Technology and Engineering (IJRTE)* .

Ramamurthy, M., Robinson, Y. H., Vimal, S. e Suresh, A. (2020), "Redução da dimensionalidade e classificação baseadas em codificadores automáticos utilizando redes neuronais convolucionais para imagens hiperespectrais", *Microprocessadores e Microssistemas* **79**, 103280.

Ren, J., Zabalza, J., Marshall, S. e Zheng, J. (2014), "Extração eficaz de características e redução de dados na deteção remota utilizando imagens hiperespectrais [canto das aplicações]", *IEEE Signal Processing Magazine* **31**(4), 149-154.

Ren, S., Wan, S., Gu, X., Yuan, P. e Xu, H. (2019), 'Semi-supervised hyperspectral image classification using local low-rank representation', *Remote Sensing Letters* **10**(2), 195-204.

Rodarmel, C. e Shan, J. (2002), "Principal component analysis for hyperspectral image classification", *Surveying and Land Information Science* **62**(2), 115-122.

Saichandana, B., Srinivas, K. e Kumar, R. K. (2016), 'Image fusion in hyperspectral image classification using genetic algorithm', *Indonesian Journal of Electrical Engineering and Computer Science* **2**(3), 703-711.

Santiago, J. G., Schenkel, F., Gross, W. e Middelmann, W. (2020), "An unsupervised labeling approach for hyperspectral image classification", *The International Archives of Photogrammetry, Remote Sensing and Spatial Information Sciences* **43**, 407-415.

Sellami, A., Abbes, A. B., Barra, V. e Farah, I. R. (2020), 'Fused 3-d spectral-spatial deep neural networks and spectral clustering for hyperspectral image classification', Pattern *Recognition Letters* **138**, 594-600.

Sellami, A., Farah, M., Farah, I. R. e Solaiman, B. (2019), 'Hyperspectral imagery classification based on semi-supervised 3-d deep neural network and adaptive band selection', *Expert Systems with Applications* **129**, 246-259.

Sellars, P., Aviles-Rivero, A. I. e Schonlieb, C.-B. (2020), 'Superpixel contracted graphbased learning for hyperspectral image classification', *IEEE Transactions on Geoscience and Remote Sensing* **58**(6), 4180-4193.

Serpico, S. B. e Moser, G. (2007), "Extraction of spectral channels from hyperspectral images for classification purposes", *IEEE transactions on geoscience and remote sensing* **45**(2), 484-495.

Shao, Y., Sang, N., Gao, C. e Ma, L. (2018), 'Gráfico de representação esparsa regularizado por estrutura espacial e de classe para classificação de imagens hiperespectrais semissupervisionadas', *Pattern Recognition* **81**, 81-94.

Sharma, A., Liu, X. e Yang, X. (2018), 'Land cover classification from multi-temporal, multi-spectral remotely sensed imagery using patch-based recurrent neural networks', *Neural Networks* **105**, 346-355.

Shendryk, I., Rist, Y., Lucas, R., Thorburn, P. e Ticehurst, C. (2018), Deep learning-a new approach for multi-label scene classification in planetscope and sentinel-2 imagery, *em* 'IGARSS 2018-2018 IEEE International Geoscience and Remote Sensing Symposium', IEEE, pp. 1116-1119.

Shi, C. e Pun, C.-M. (*2018a*), 'Redes neurais recorrentes hierárquicas em várias escalas para classificação de imagens hiperespectrais', *Neurocomputing* **294**, 82-93.

Shi, C. e Pun, C.-M. (*2018b*), 'Redes neurais profundas 3d baseadas em superpixel para classificação de imagens hiperespectrais', *Reconhecimento de padrões* **74**, 600-616.

Sukawattanavijit, C., Chen, J. e Zhang, H. (2017), 'Ga-svm algorithm for improving landcover classification using sar and optical remote sensing data', *IEEE Geoscience and Remote Sensing Letters* **14**(3), 284-288.

Sun, H., Zheng, X., Lu, X. e Wu, S. (2019), 'Spectral-spatial attention network for hyperspectral image classification', *IEEE Transactions on Geoscience and Remote Sensing* **58**(5), 3232-3245.

Sun, Q. e Bourennane, S. (2020), 'Hyperspectral image classification with unsupervised feature extraction', *Remote Sensing Letters* **11**(5), 475-484.

Sun, Q., Liu, X. e Fu, M. (2017), Classification of hyperspectral image based on principal component analysis and deep learning, *in* '2017 7th IEEE international conference on electronics information and emergency communication (ICEIEC)', IEEE, pp. 356-359.

Swamy, S., Asutkar, S. e Asutkar, G. (2017), Remote sensing hsi classification and estimation of mimetite mineral spectral signatures from isro, india, *in* '2017 International Conference on Trends in Electronics and Informatics (ICEI)', IEEE, pp. 1095-1099.

Tu, B., Zhang, X., Zhang, G., Wang, J. e He, W. (2020), 'Dual unsupervised features fusion for hyperspectral image classification', *International Journal of Remote Sensing* **41**(16), 6135-6156.

Wang, D., Vinson, R., Holmes, M., Seibel, G., Bechar, A., Nof, S. e Tao, Y. (2019), 'Early detection of tomato spotted wilt virus by hyperspectral imaging and outlier removal auxiliary classifier generative adversarial nets (or-ac-gan)', *Scientific reports* **9**(1), 1-14.

Wang, J., Gao, F., Dong, J. e Du, Q. (2020), 'Adaptive dropblock-enhanced generative adversarial networks for hyperspectral image classification', *IEEE Transactions on Geoscience and Remote Sensing* **59**(6), 5040-5053.

Wang, J., Song, X., Sun, L., Huang, W. e Wang, J. (2020), 'A novel cubic convolutional neural network for hyperspectral image classification', *IEEE Journal of Selected Topics in Applied Earth Observations and Remote Sensing* **13**, 4133-4148.

Wang, M., Wan, Y., Ye, Z. e Lai, X. (2017), 'Remote sensing image classification based on the optimal support vetor machine and modified binary coded ant colony optimization algorithm', *Information Sciences* **402**, 50-68.

Wang, R., Nie, F. e Yu, W. (2017), 'Fast spectral clustering with anchor graph for large hyperspectral images', *IEEE Geoscience and Remote Sensing Letters* **14**(11), 2003-2007.

Wang, X., Li, Y. e Cheng, Y. (2020), 'Hyperspectral image classification based on unsupervised heterogeneous domain adaptation cyclegan', *Chinese Journal of Electronics* **29**(4), 608614.

Wang, X., Tan, K., Du, Q., Chen, Y. e Du, P. (2019), 'Caps-triplegan: Gan-assisted capsnet for hyperspectral image classification", *IEEE Transactions on Geoscience and Remote Sensing* **57**(9), 7232-7245.

Wang, Z., Zou, C. e Cai, W. (2020), 'Small sample classification of hyperspectral remote sensing images based on sequential joint deeping learning model', *IEEE Access* **8**, 7135371363.

Wu, H. e Prasad, S. (*2017a*), "Convolutional recurrent neural networks forhyperspectral data classification", *Remote Sensing* **9**(3), 298.

Wu, H. e Prasad, S. (*2017b*), 'Semi-supervised deep learning using pseudo labels for hyperspectral image classification', *IEEE Transactions on Image Processing* **27**(3), 1259-1270.

Wu, Y., Mu, G., Qin, C., Miao, Q., Ma, W. e Zhang, X. (2020), 'Semi-supervised hyperspectral image classification via spatial-regulated self-training', *Remote Sensing* **12**(1), 159.

Xia, J., Liao, W. e Du, P. (2019), 'Hyperspectral and lidar classification with semisupervised graph fusion', *IEEE Geoscience and Remote Sensing Letters* **17**(4), 666-670.

Xie, F., Gao, Q., Jin, C. e Zhao, F. (2021), "Hyperspectral image classification based on superpixel pooling convolutional neural network with transfer learning", *Remote Sensing* **13**(5), 930.

Xie, F., Li, F., Lei, C., Yang, J. e Zhang, Y. (2019), 'Unsupervised band selection based on artificial bee colony algorithm for hyperspectral image classification', *Applied Soft Computing* **75**, 428-440.

Xie, H., Zhao, A., Huang, S., Han, J., Liu, S., Xu, X., Luo, X., Pan, H., Du, Q. e Tong, X. (2018), 'Unsupervised hyperspectral remote sensing image clustering based on adaptive density', *IEEE Geoscience and Remote Sensing Letters* **15**(4), 632-636.

Xie, W., Yang, J., Lei, J., Li, Y., Du, Q. e He, G. (2019), 'Srun: Redes não supervisionadas regularizadas espectrais para deteção de alvos hiperespectrais", *IEEE Transactions on Geoscience and Remote Sensing* **58**(2), 1463-1474.

Xu, J., Feng, G., Zhao, T., Sun, X. e Zhu, M. (2019), 'Remote sensing image classification based on semi-supervised adaptive interval type-2 fuzzy c-means algorithm', *Computers and geosciences* **131**, 132-143.

Xu, J., Fowler, J. E. e Xiao, L. (2020), 'Hypergraph-regularized low-rank subspace clustering using superpixels for unsupervised spatial-spectral hyperspectral classification', *IEEE Geoscience and Remote Sensing Letters* **18**(5), 871-875.

Xu, J., Li, H., Liu, P. e Xiao, L. (2018), 'A novel hyperspectral image clustering method with context-aware unsupervised discriminative extreme learning machine', *IEEE Access* **6**, 16176-16188.

Xu, Y., Du, B., Zhang, F. e Zhang, L. (2018), 'Hyperspectral image classification via a random patches network', *ISPRS journal of photogrammetry and remote sensing* **142**, 344357.

Xu, Y., Zhang, L., Du, B. e Zhang, F. (2018), "Redes unificadas espetro-espaciais para classificação de imagens hiperespectrais", *IEEE Transactions on Geoscience and Remote Sensing* **56**(10), 5893-5909.

Xue, Z. (*2020a*), "A general generative adversarial capsule network for hyperspectral image spectral-spatial classification", *Remote Sensing Letters* **11**(1), 19-28.

Xue, Z. (*2020b*), 'Semi-supervised convolutional generative adversarial network for hyperspectral image classification', *IET Image Processing* **14**(4), 709-719.

Yang, M.-D., Huang, K.-S., Yang, Y. F., Lu, L.-Y., Feng, Z.-Y. e Tsai, H. P. (2016), 'Hyperspectral image classification using fast and adaptive bidimensional empirical mode decomposition with minimum noise fraction', *IEEE Geoscience and Remote Sensing Letters* **13**(12), 1950-1954.

Ye, M., Ji, C., Chen, H., Lei, L., Lu, H. e Qian, Y. (2020), 'Residual deep pca-based feature extraction for hyperspectral image classification', *Neural Computing and Applications* **32**(18), 14287-14300.

Yi, X., Walia, E. e Babyn, P. (2019), 'Generative adversarial network in medical imaging: A review", *Medical image analysis* **58**, 101552.

Zhan, Y., Hu, D., Wang, Y. e Yu, X. (2017), 'Semisupervised hyperspectral image classification based on generative adversarial networks', *IEEE Geoscience and Remote Sensing Letters* **15**(2), 212-216.

Zhang, F., Bai, J., Zhang, J., Xiao, Z. e Pei, C. (2020), 'An optimized training method for gan-based hyperspectral image classification', *IEEE Geoscience and Remote Sensing Letters* **18**(10), 1791-1795.

Zhang, L., Zhang, L., Du, B., You, J. e Tao, D. (2019), 'Hyperspectral image unsupervised classification by robust manifold matrix factorization', *Information Sciences* **485**, 154-169.

Zhang, X., Liang, Y., Li, C., Huyan, N., Jiao, L. e Zhou, H. (2017), 'Recursive autoencoders-based unsupervised feature learning for hyperspectral image classification', *IEEE Geoscience and Remote Sensing Letters* **14**(11), 1928-1932.

Zhang, Y., Cao, G., Li, X., Wang, B. e Fu, P. (2019), 'Active semi-supervised random forest for hyperspectral image classification', *Remote Sensing* **11**(24), 2974.

Zhang, Y., Yang, G., Zhao, S., Ni, P., Lian, H., Chen, H. e Li, C. (2020), Partial label learning via generative adversarial nets, *em* 'ECAI 2020', IOS Press, pp. 1674-1681.

Zhang, Z. (2020), "Algoritmo de classificação de imagens hiperespectrais semi-supervisionado baseado na incorporação de gráficos e na informação espacial discriminativa", *Microprocessadores e Microssistemas* **75**, 103070.

Zhao, C., Liu, W., Xu, Y. e Wen, J. (2018), 'A spectral-spatial svm-based multi-layer learning algorithm for hyperspectral image classification', *Remote Sensing Letters* **9**(3), 218-227.

Zhao, J., Huang, J., Zhi, D., Yan, W., Ma, X., Yang, X., Li, X., Ke, Q., Jiang, T., Calhoun, V. D. *et al.* (2020), 'Functional network connectivity (fnc) -based generative adversarial network (gan) and its applications in classification of mental disorders', *Journal of neuroscience methods* **341**, 108756.

Zhao, W., Chen, X., Bo, Y. e Chen, J. (2019), 'Semisupervised hyperspectral image classification with cluster-based conditional generative adversarial net', *IEEE Geoscience and Remote Sensing Letters* **17**(3), 539-543.

Zhao, W., Li, S., Li, A., Zhang, B. e Li, Y. (2019), 'Hyperspectral images classification with convolutional neural network and textural feature using limited training samples', *Remote sensing letters* **10**(5), 449-458.

Zhao, Y., Su, F. e Yan, F. (2020), 'Novel semi-supervised hyperspectral image classification based on a superpixel graph and discrete potential method', *Remote Sensing* **12**(9), 1528.

Zhao, Y., Yuan, Y. e Wang, Q. (2019), 'Fast spectral clustering for unsupervised hyperspectral image classification', *Remote Sensing* **11**(4), 399.

Zhong, P., Gong, Z., Li, S. e Schonlieb, C.-B. (2017), "Aprender a diversificar redes de crenças profundas para classificação de imagens hiperespectrais", *IEEE Transactions on Geoscience and Remote Sensing* **55**(6), 3516-3530.

Zhong, Z., Li, J., Clausi, D. A. e Wong, A. (2019), "Generative adversarial networks and conditional random fields for hyperspectral image classification", *IEEE transactions on cybernetics* **50**(7), 3318-3329.

Zhou, F., Hang, R., Liu, Q. e Yuan, X. (2019), 'Hyperspectral image classification using spectral-spatial lstms', *Neurocomputing* **328**, 39-47.

Zhou, S., Xue, Z. e Du, P. (2019), 'Semisupervised stacked autoencoder with cotraining for hyperspectral image classification', *IEEE Transactions on Geoscience and Remote Sensing* **57**(6), 3813-3826.

Zhu, K., Chen, Y., Ghamisi, P., Jia, X. e Benediktsson, J. A. (2019), 'Deep convolutional capsule network for hyperspectral image spectral and spectral-spatial classification', *Remote Sensing* **11**(3), 223.

Zhu, L., Chen, Y., Ghamisi, P. e Benediktsson, J. A. (2018), 'Generative adversarial networks for hyperspectral image classification', *IEEE Transactions on Geoscience and Remote Sensing* **56**(9), 5046-5063.

Buy your books fast and straightforward online - at one of world's fastest growing online book stores! Environmentally sound due to Print-on-Demand technologies.

Buy your books online at
www.morebooks.shop

Compre os seus livros mais rápido e diretamente na internet, em uma das livrarias on-line com o maior crescimento no mundo! Produção que protege o meio ambiente através das tecnologias de impressão sob demanda.

Compre os seus livros on-line em
www.morebooks.shop

info@omniscriptum.com
www.omniscriptum.com

Printed by Books on Demand GmbH, Norderstedt / Germany